Torsten Israel

Abenteuer Kochen

Torsten Israel

Abenteuer Kochen

Wie aus Arbeit in der Küche Lebensfreude wird

Bloggingbooks

Impressum/Imprint (nur für Deutschland/only for Germany)
Bibliografische Information der Deutschen Nationalbibliothek: Die Deutsche Nationalbibliothek verzeichnet diese Publikation in der Deutschen Nationalbibliografie; detaillierte bibliografische Daten sind im Internet über http://dnb.d-nb.de abrufbar.
Alle in diesem Buch genannten Marken und Produktnamen unterliegen warenzeichen-, marken- oder patentrechtlichem Schutz bzw. sind Warenzeichen oder eingetragene Warenzeichen der jeweiligen Inhaber. Die Wiedergabe von Marken, Produktnamen, Gebrauchsnamen, Handelsnamen, Warenbezeichnungen u.s.w. in diesem Werk berechtigt auch ohne besondere Kennzeichnung nicht zu der Annahme, dass solche Namen im Sinne der Warenzeichen- und Markenschutzgesetzgebung als frei zu betrachten wären und daher von jedermann benutzt werden dürften.

Coverbild: www.ingimage.com

Verlag: Bloggingbooks ist ein Imprint der
Südwestdeutscher Verlag für Hochschulschriften GmbH & Co. KG
Heinrich-Böcking-Str. 6-8, 66121 Saarbrücken, Deutschland
Telefon +49 681 37 20 271-1, Telefax +49 681 37 20 271-0
Email: info@bloggingbooks.de

Herstellung in Deutschland (siehe letzte Seite)
ISBN: 978-3-8417-7015-8

Imprint (only for USA, GB)
Bibliographic information published by the Deutsche Nationalbibliothek: The Deutsche Nationalbibliothek lists this publication in the Deutsche Nationalbibliografie; detailed bibliographic data are available in the Internet at http://dnb.d-nb.de.
Any brand names and product names mentioned in this book are subject to trademark, brand or patent protection and are trademarks or registered trademarks of their respective holders. The use of brand names, product names, common names, trade names, product descriptions etc. even without a particular marking in this works is in no way to be construed to mean that such names may be regarded as unrestricted in respect of trademark and brand protection legislation and could thus be used by anyone.

Cover image: www.ingimage.com

Publisher: Bloggingbooks
is an imprint of the publishing house
Südwestdeutscher Verlag für Hochschulschriften GmbH & Co. KG
Heinrich-Böcking-Str. 6-8, 66121 Saarbrücken, Deutschland
Phone +49 681 37 20 271-1, Fax +49 681 37 20 271-0
Email: info@bloggingbooks.de

Printed in the U.S.A.
Printed in the U.K. by (see last page)
ISBN: 978-3-8417-7015-8

Inhaltsverzeichnis

Vorwort

Kochen ist Kunst. Ich meine nicht das stressige Kochen zur Mittagszeit, zwischen Arbeit, aufräumen, und Kinderfahrdiensten, sondern das Kochen mit Muße. Wenn man das Bild einer liebevoll angerichteten Speiseabfolge in sich trägt. Wenn es einem in der Seele brennt, die Vision in die Tat umzusetzen, man voller Freude und mit gebührender Sorgfalt die Zutaten auswählt, voller Ungeduld in der Küche die Ingredienzien vorbereitet und schließlich die einzelnen Elemente des Gerichtes in höchster Konzentration zu einem Ganzen verschmilzt, dann kocht man kreativ. Dann wird der Küchenmeister eins mit seiner Idee und Kochen zur Kunst, Leidenschaft und Lebensfreude.

Doch Kunst braucht Kreativität und Kreativität braucht Inspiration. Ohne Inspiration vertrocknet sie, wie eine Primel im heißen Wüstensand. Aber woher holen wir Menschen uns Inspiration? Ist es nicht so, dass wir dazu andere Menschen benötigen? Im Austausch mit Gleichgesinnten und ihren Ideen befruchten wir unsere Geister gegenseitig und nähren sie, damit in unserem Inneren Kreativität wachsen kann, Ideen reifen und Kunst entsteht.

Das Internet ist ein Füllhorn an Wissen und Inspiration. Mit seinen „social networks“, den unzähligen Blogs, Foren und Websites zu allen nur erdenklichen Themen, sind die Ideen und Gedanken der Welt jedem zugänglich. Positiv, wie negativ.

Thematische Blogs, mit der Möglichkeit Niederschriften zu kommentieren, bilden eine Plattform, deren ich mich gerne bediene, denn ich selbst bin Blogger.

Eigentlich hatte ich ursprünglich überhaupt nicht vor, einen Blog zu erstellen. Durch Zufall stieß ich bei Google auf folgende Meldung: „Erstellen sie ihren eigenen Blog, kostenlos und nur mit wenigen Mausklicks.“ Neugierig geworden folgte ich den Anweisungen und „ratz fatz“ war der Blog erstellt. Als ich überlegte, mit welchem Inhalt er nun gefüllt werden könnte, kam mir spontan das Thema Kochen in den Sinn - meine Leidenschaft schlechthin.

Artikel um Artikel wuchs mein Blog bis zu dem, was er zwischenzeitlich ist. Leider gibt es nur eine begrenzte Leserschaft, die Blogs liest. So kam ich auf die Idee, aus meinem Blog ein Buch zu machen. Das Buch das Sie, lieber Leser, eben in Ihren Händen halten. Es handelt sich dabei nicht um ein Kochbuch im herkömmlichen Sinn. Vielmehr sind meine Ideen, Gedanken und Leidenschaften darin niedergeschrieben, mit dem Ziel zu inspirieren und die Freude am Kochen zu teilen. Damit Kochen eben nicht zur lapidaren Speiseherstellung degradiert, sondern mit Lebensfreude und Leidenschaft zur Kunst erhoben wird. Doch nun genug der Worte, viel Spaß beim Schmökern.

Wer zu der einen oder anderen Sache ein Wort an mich richten möchte, ist selbstverständlich jederzeit gerne zu meinem Blog eingeladen. Unter http://www.abenteuerkochen.blogspot.com können sie sich rund um die Uhr mit mir in Verbindung setzten und dieses Werk kommentieren.

Torsten Israel

Gänsebraten – zart und saftig

Vielleicht vorab ein kleiner Witz:

Zwei polnische Hafermastgänse liegen in der Gefriertruhe vom ALDI. Da meint die eine zur anderen: "Also wirklich, den Westen habe ich mir wärmer vorgestellt!"

Doch Witz beiseite: Die Sache mit dem großen Federvieh in der Röhre ist gar nicht so einfach. So eine knusprig goldbraun gebackene Gans ist zwar eine äußerst schmackhafte Angelegenheit, doch bei herkömmlicher Zubereitung bleibt immer der Wunsch offen, dass sich das Fleisch leichter vom Knochen lösen möge und nicht ganz so bissfest sei. Ich hatte mich eigentlich schon damit abgefunden, dass Gänsefleisch eben etwas zäher ist, bis ich eines Tages Klaus begegnete. Klaus ist ein begnadeter Koch, zumindest was Großmutters Küche angeht. Er brachte mich auf die Idee, dass Gänsefleisch nur deswegen zäh wird, weil die Tiere üblicherweise bei zu hohen Temperaturen gegart werden. In fast allen Kochbüchern wird empfohlen, dass Gänse bei 165 bis 175 ° C oder noch heißer zubereitet werden sollten.

Aber: Das geht auch anders!

Immer mehr Köche entdecken das "Niedrigtemperaturgaren".

Wenn Sie eine 5 kg Gans nicht bei 175 °C garen, sondern nur bei

100 - 110 °C (Ober- Unterhitze) ca. 4 1/2 -5 Stunden ganz langsam schmoren lassen, bleibt das Fleisch saftig und fällt nach Vollendung fast ganz von allein vom Knochen. Während der Garzeit sollte das Tier halbstündlich mit dem ausgekochten Sud begossen werden.

Während der ersten zwei Stunden des Garvorganges die Gans mit Alufolie bedecken, das schützt vor Austrocknung.

Doch die Haut, die Veredelung des Gänsebratens, muss goldbraun, knusprig und würzig sein. Was man damit so alles anstellen kann, wird in einem meiner nächsten Posts ein extra Thema.

Was die Füllung angeht, lege ich die Gans von innen mit geräucherten Speckscheiben aus und stopfe sie anschließend mit kräftig gewürztem Hackfleisch - das gibt so ein kleines, nettes Abschlussschmankerl.

Und? Appetit bekommen? Dann probieren Sie es doch einfach mal aus!

Die Füllung der Gans

Zum Thema Gans möchte ich noch einige Ideen und Rezepte für die Füllungen zum Besten geben. Wie bereits in Gänsebraten - zart und saftig erwähnt, bevorzuge ich die Füllung mit kräftig gewürztem Hackfleisch und Speckscheiben. Mein Freund Klaus hingegen hat immer Angst, das Essen reiche nicht und beschickt den Vogel noch mit einem ordentlichen Stück Schweinenacken. Manch einer füllt die Kammer auch einfach nur mit Kartoffeln oder ganzen Zwiebeln.

Etwas in Vergessenheit geraten ist die typisch deutsche Methode. Früher wurde der deutsche Gänsebraten nämlich gerne mit Bratwurstbrät gestopft, sicherlich auch eine Idee, die mal einen Versuch wert ist. Im Endeffekt gibt es unzählige Möglichkeiten, die schmackhaften Tiere mit verschiedenen Leckereien zu wappnen, der Phantasie sind keine Grenzen gesetzt.

Ich hab mich gefragt, wie Gänse in anderen Ländern gefüllt werden und stelle hier verschiedene Sitten vor.

1) Die Füllung aus der Auvergne, dem Herzen Frankreichs.

Mit diese Füllung stattete ich unsere letzte Weihnachtsgans aus und fand sie recht lecker. Sie kam auch bei unseren Gästen gut an.

- 300 g küchenfertige Esskastanien
- 300 g Kürbis (Hokkaido)
- 1 kleine Birne oder ein Apfel
- 1 Bund glatte Petersilie
- 1 Zweig Rosmarin
- 100 g gehackte Walnüsse
- Pfeffer und Salz

Hokkaido und Birne würfeln, mit den übrigen Füllzutaten vermischen, mit Salz und Pfeffer kräftig abschmecken und ab in die Gans.

2) Die Füllung aus Italien

- 4 Auberginen
- 4 Fleischtomaten
- 6 Knoblauchzehen
- 200 g Pinienkerne
- 4 El Semmelbrösel
- 1 Stck Zitronenschale
- 10 El Olivenöl
-

Auberginen und Knoblauchzehen würfeln und im heißem Olivenöl anbraten. Die

Fleischtomaten enthäuten, entkernen und würfeln. Pininenkerne hacken und in einer Pfanne ohne Öl etwas anrösten. Die Semmelbrösel, die abgeriebene Schale einer Zitrone und die gehackten Kräuter dazugeben, mit Salz und Pfeffer kräftig würzen. und ab in die Gans[1].

3) Die Füllung aus Polen

- 250 ml Milch
- 3 saure Äpfel (z. B. Boskop)
- 3 altbackene Brötchen
- 1 Bund krause Petersilie
- 50 g Backpflaumen oder Rosinen
- 2 Eier
- 2 EL Öl oder Butterschmalz
- 1 Messerspitze frisch geriebene Muskatnuß
- Salz und Pfeffer zum Abschmecken

Die Äpfel schälen, entkernen und in Stücke schneiden. Petersilie fein wiegen.

Die Milch in einem größeren Topf erhitzen, beiseite stellen und die in kleine Würfel zerteilten Brötchen dazugeben. Apfelstücke, Backpflaumen, Eier und Petersilie hinzufügen, kräftig vermengen bis eine homogene Masse entstanden ist und ab in die Gans[2].

---

1 http://www.kochrezepte.de
2 http://www.polish-online.com

4) Die Füllung aus Amerika

- 6 Tassen trockenes gewürfeltes Weißbrot, am Besten schon 2 Tage vorher trocknen
- 2 Tassen gewürfelte Zwiebeln
- 2 Tassen gewürfelten Staudensellerie
- 1/2 TL Salbei, zerrieben
- 1/2 TL Geflügelgewürz (bestehen aus Salbei, Zwiebel, Thymian, Pfeffer, Selleriesaat, Majoran)
- etwas Hühnerbrühe
- 125 g Butter

Zwiebeln und Sellerie kurz in Butter braten, wenn schon Gänseschmalz vorhanden ist, wird die Butter selbstverständlich gegen das Schmalz ausgetauscht. Alle Gewürze beigeben und zur Seite stellen. Die Brotwürfel in Butter bzw. Gänseschmalz anrösten und das Gemüse dazugeben. Alles gut miteinander vermischen und mit Brühe leicht anfeuchten - nicht ertränken und ab in die Gans[3].

Kleine geschmackliche Variationen können zusätzlich erreicht werden, wenn einige Gewürzzweige in die Gans gegeben werden, wie zum Beispiel Majoran, Thymian oder Beifuß. Während der Garzeit nimmt die Füllung einen frischen Hauch vom Aroma dieser Zweigchen an, was den Genuss beim Mahl stets beflügelt.

Nachdem die Gans gefüllt ist, muss sie selbstverständlich mit Zahnstochern oder Rouladenstäbchen verschlossen werden. Auch sollte man darauf achten, die Füllung nicht zu lasch einzubringen, die Tiere fühlen sich am wohlsten, wenn sie

3 http://www.chefkoch.de

kräftig gestopft werden.

Wer von der ganzen Füllerei nichts hält, kann das selbstverständlich auch sein lassen. Die Geschichte der Brust, die beim Garen einfällt, kann getrost als Ammenmärchen dem Bereich der Sagen und Erzählungen zugeordnet werden.

Gänsehaut – goldbraun und knusprig

Die Haut der Gans, die Krönung des Fleisches und die Veredelung des Bratens! Sie bedarf einer gesonderten Betrachtung und ich meine, die Gaumenfreude einer vollendeten Haut rechtfertigt eine gewisse Mühe.

Das Hauptproblem ist nämlich, dass die Gans zu viel Fett unter der Haut hat. Um das zu umgehen, sollte die Haut mittels eines scharfen Messers an verschiedenen Stellen mit kleinen Schnitten versehen werden. Aber Achtung, nur die Haut, nicht dabei das Fleisch verletzen.

Alternativ kann die Haut auch an mehreren Stellen mit einer spitzen Gabel eingestochen werden. Aber auch hier gilt, nur die Haut, nicht das Fleisch und selbstverständlich muss das ganze sehr behutsam und mit äußerster Vorsicht gemacht werden. Ist die Gans so bearbeitet worden, läuft im Ofen das Fett unter der Haut zum größten Teil aus und sie ist eher willig, die gewünschte Bräune anzunehmen.

Dann gehört natürlich auch dazu, die Haut während des Garvorganges immer wieder mit dem ausgetretenen Bratensud zu begießen.

10 Minuten vor Fertigstellung des Gänseschmauses gilt es nun, hochkonzentriert und aufs äußerste wachsam, die widerspenstige Gänsepelle zu überlisten, denn von sich aus nimmt sie keine Farbe an und wehrt sich auch vehement dagegen, knusprig zu werden.

Als erstes sollte man die gesamte Flüssigkeit, die der Gans entkocht ist, aus dem Ofen entfernen. Am Einfachsten wird der Sud in einen Topf geschüttet. Danach muss die Haut nämlich eingepinselt werden, dazu gibt es je nach

Geschmacksrichtung verschiedene Möglichkeiten:

1. Eine Mischung aus kaltem Wasser und reichlich Salz auf die Haut pinseln
2. Eine Mischung aus Bier und reichlich Salz auf die Haut pinseln
3. Eine Mischung aus dem ausgetretenen Gänsefett, Salzwasser und Paprika auf die Haut pinseln, allerdings bedarf es kräftigen Rührens, um Wasser und Fett zu verquirlen
4. Dies ist übrigens meine Lieblingsvariante:
   - 1 Esslöffel Honig
   - 1 Esslöffel Wasser
   - 1 Esslöffel Williams
   - 1 Teelöffel Salz

   alles gut vermischen und auf die Haut pinseln.

Dann den Ofen auf die höchste Stufe stellen oder den Grill anschalten und unter ständiger Beobachtung die Gans schön bräunen lassen. Wenn der gewünschte Bräunungsgrad erreicht ist, nach ca. 5-15 Minuten, die Gans aus dem Ofen nehmen und genüsslich verzehren.

Aber Achtung, während des abschließenden Bräunungsvorganges die Gans nicht aus den Augen lassen, damit sie nicht verbrennt, denn das kann schnell gehen.

Gänsefett

Beim Zubereiten einer Gans gibt das Tier jede Menge Fett ab. Die Frage, die ich mir immer stelle ist - „was fängt man denn nun am Besten damit an?“

Zur Herstellung einer Soße ist es höchstens in kleinen Mengen als Aromazutat einsetzbar, in großen Mengen jedoch würde die Soße aufgrund des hohen Fettgehaltes sehr schwer verdaulich und ich meine, dass der Genuss einer Speise von drei Dingen abhängt:

1. Der Geschmack!

2. Das „Mouthfeeling“ - Also die Konsistenz des Essens sowie das Gefühl beim Kauen!
3. Das Befinden danach - Also fühle ich mich unangenehm voll oder angenehm gesättigt!

Erst wenn jeder dieser drei Punkte positiv erfüllt ist, hat der Mensch meines Erachtens gut gespeist.

Und genau hier haben wir das Problem beim Gänseschmalz, wenn zu viel davon in die Soße gelangt. Bei Punkt 3 kann sich der geneigte Esser getrost von dem Gedanken verabschieden, dass er gut gespeist hat.

Was also tun mit der fettigen Flüssigkeit?

Weg schütten?

Dazu jedoch ist Gänseschmalz zu gesund und zu wertvoll, denn es hat einzigartige Eigenschaften.

Mit seinen 883 kcal ist es zwar schwerer als Butter (773 kcal), jedoch leichter als Olivenöl (891 kcal), verfügt dafür aber über eine ähnliche Struktur wie Olivenöl, nämlich:

58% einfach ungesättigte Fettsäuren

11% mehrfach ungesättigte Fettsäuren

31% gesättigte Fettsäuren

Damit kann man mit Fug und Recht sagen: Gänseschmalz ist gesund!!!

Doch nicht nur das; es ist auch noch aus einem anderen Blickwinkel höchst interessant, denn Gänsefett ist ideal zum Backen! Es kann im Gegensatz zu allen anderen Fetten hohen Temperaturen, mehr als 200 °C ausgesetzt werden, ohne dass die Molekülstruktur zerstört wird. Damit bleibt es sogar in erhitztem Zustand verdaulich und behält seine wohltuende Wirkung bei Herz-Kreislauf-Erkrankungen[4].

4 http://www.laru.de/html/ganseschmalz.html

Was kann also so alles aus Gänsefett gemacht werden?

Dazu mehr im nächsten Post.

Gänsefett gewinnen

Um das schmackhafte Fett der Gans verarbeiten zu können, muss es erst sorgfältig vorbereitet werden. Wir gewinnen das Fett aus zwei Quellen:

Zum Einen: Aus dem Fett, das von der Gans entfernt wurde, bevor sie in die Röhre kam. Dieses Fett in kleine Würfel schneiden und bei niedriger Temperatur auslassen. Die Flüssigkeit dabei immer wieder in ein hitzebeständiges Gefäß abschütten, bis nur noch die Grieben als knusprige Flocken übrig sind, diese extra legen.

Zum Anderen: Das Fett, welches aus der Gans beim Garen ausgetreten ist. Dieses Fett muss soweit wie möglich von Verunreinigungen getrennt werden. Dazu die heiße Flüssigkeit durch ein Sieb gießen, das mit einem Küchentuch ausgelegt wurde und warten, bis es auf Raumtemperatur abgekühlt ist. Hernach den Kühlschrank auf die höchste Stufe stellen und das Fett darin erkalten lassen. Alternativ kann das Fett auch in der Gefriertruhe abgekühlt werden. Die extrem niedrigen Temperaturen sind notwendig, weil Gänsefett sehr schnell schmilzt. Wenn es richtig ausgekühlt ist, bildet es eine relativ feste Oberfläche, die dann vorsichtig abgekratzt werden kann. Die Verunreinigungen setzen sich unten ab. Das so gewonnene Fett kann nun mit dem ausgelassenen Fett vermischt werden und bildet so die Basis zur weiteren Bearbeitung. Mehr dazu im nächsten Post.

Gänsefett – was damit machen

In meinem letzten Post vom 12.11.2010 „Gänsefett“ ging ich kurz darauf ein, wie man Gänsefett zunächst vorbereiten sollte, um hernach sein vielseitiges Potential nutzen zu können. Im wesentlichen gibt es zwei Einsatzrichtungen:

1. Essen!

2. Einschmieren!

Ja, richtig! Gänseschmalz durfte in Großmutters Arzneischrank nicht fehlen. Da dies ein Blog zum Thema essen und kochen ist, werde ich natürlich den Hauptaugenmerk auf das Thema „Essen“ legen.

Allerdings: Kochen, essen und Gesundheit gehören nun einmal unbestreitbar zusammen. Aus diesem Grunde lieber Leser, sollten wir, meine ich, die Betrachtung als pures Genussmittel auch einmal kurz zur Seite legen können um die heilkundliche Wirkung von Gänsefett auszubaldowern.

Doch erst mal zum Essen:

Gänsefett, aromatisch und höchst Hitzebeständig, ist ein wertvolles Gut. Die Nutzung als reines, unverfälschtes Fett zum Anbraten von Kartoffeln, Fleisch, Rotkraut usw. kommt deswegen natürlich an erster Stelle.

Um die Lust am gänsischen Freudenquell möglichst lange auskosten zu können muss es konserviert werden, dazu gibt es drei Möglichkeiten:

Möglichkeit 1: Aufbewahrung im Kühlschrank

Das funktioniert je nach Reinheitsgrad einige Wochen bis Monate, aber schon bald beginnt das Fett die Farbe zu wechseln und ranzig zu schmecken, was nun wirklich mehr als bedauernswert ist. Um dieses Übel gänzlich auszumerzen, schreiten wir zur Möglichkeit 2.

Möglichkeit 2: Aufbewahrung im Einmachglas

Hierbei sollten kleinere Einmachgläser in kochendem Wasser sterilisiert werden, mindestens 20 Minuten. Während die Gläser so vor sich hin blubbern, bringen wir das Fett zum kochen. Nach dem Sterilisieren füllen wir das kochende Gänsefett in die heißen Gläser, lassen es etwas abkühlen und verschließen die Behälter dann mit dem Deckel. Doch Achtung, es darf sich unter dem Deckel kein Kondenswasser bilden, dass auf das Schmalz tropft. So haltbar gemacht kann es im kühlen Keller

1 - 1 ½ Jahre aufbewahrt werden.

Wem das zu aufwendig ist, dem bleibt noch eine Chance, sich die Leckerei lange zu bewahren.

Möglichkeit 3: Aufbewahrung in der Gefriertruhe

In diesem Fall wird das Gänsefett im Töpfchen unter Hitzeeinwirkung schön flüssig gemacht, es darf ruhig nochmal aufgekocht werden. Anschließend etwas abkühlen lassen. Kurz bevor es anfängt zähflüssig zu werden, die Flüssigkeit einfach in Eiswürfelboxen füllen, bis die gewünschte Menge verarbeitet ist. Achtung, wenn die Eiswürfelbehälter aus Kunststoff sind, darf das Fett natürlich nicht so heiß eingefüllt werden, dass der Kunststoff schmilzt. Die Eiswürfelbehälter auf Raumtemperatur abkühlen lassen und ab damit in die Gefriertruhe. Dort ist es dann ebenfalls 1 – 1 ½ Jahre haltbar und kann je nach Bedarf portionsweise verwertet werden.

Wer das Fett nicht konservieren möchte, kann es selbstverständlich auch gleich essen, als Gänseschmalz zum Beispiel. Das Rezept dazu findet Ihr im nächsten Post.

Oder, wie wäre es mal mit etwas ganz Anderem:

Eine Gänse – Bruschetta? Auch dieses Rezept wartet im übernächsten Post darauf, entdeckt zu werden.

Soweit zur Verwertung des Fettes als Nahrungsmittel.

Gänseschmalz

- 10% Schweineschmalz
- 90% Gänsefett
- Äpfel, klein gewürfelt
- Zwiebeln klein gewürfelt
- Gänsegrieben aus meinem Post „Gänsefett gewinnen“

Da Gänseschmalz eine ausgesprochen flüssige Angelegenheit ist, sollte es bei der Herstellung mit mindestens 10% Schweineschmalz vermischt werden.

Doch nun zum Werke:

Die kleingeschnittenen Äpfel und Zwiebeln in etwas Gänsefett Fett schön glasig braten. Anschließend das Schweine- und Gänseschmalz hinzugeben und unter Hitzeeinwirkung verflüssigen, bis die ganze Angelegenheit siedet. Die knusprigen Gänsegrieben untermischen, in ein hitzebeständiges Töpfchen füllen, erkalten lassen und auf einer warmen Scheibe Bauernbrot mit Salz, Pfeffer und wenigen Zwiebelringen genießen. Dazu passt prima neuer Wein.

Gänsebruschetta

- Einige mitteldicke Scheiben Baguette
- 1 Zehe Knoblauch
- 1 -2 geschälte Tomaten
- Gänseschmalz
- Majoran, Thymian, Oregano

- Salz und Pfeffer

Baguettescheiben im Toaster knusprig rösten. Die Knoblauchzehe aufschneiden und mit der Schnittfläche eine Seite der Baguettescheiben kräftig einreiben. Das Gänseschmalz darauf schmieren. Die geschälten Tomaten entsteinen, in kleine Würfel schneiden und pro Scheibe Baguette einen starken Teelöffel auflegen. Abschließend die ganze Sache mit den Kräutern, Salz und Pfeffer würzen.

Bruschetta eignet sich hervorragend als kleine Knabberei, wenn Gäste zu Wein oder Bier geladen sind.

Gänsefett in Großmutters Arzneischrank

Es ist doch immer wieder erstaunlich, was man über ein Thema so alles herausfinden kann, wenn man nur lange genug recherchiert. So zum Beispiel wird dem Gänsefett in der Naturheilkunde allerlei Heilwirkung zugesprochen, zum Beispiel:

Gänsefett gegen Husten

Gänsefett scheint ein hervorragendes Mittel gegen alle Arten von Husten zu sein. Dazu muss kurz vor dem Schlafengehen ein Wattebausch in warmes Gänsefett getaucht und anschließend die Brust und der Rücken damit kräftig eingeschmiert werden. Anschließend ein älteres T-Shirt oder Unterhemd anziehen, um Bettzeug oder Schlafanzug vor dem Fett zu schützen. Diese Packung jeden Abend wiederholen, bis sich der Husten löst und abgeklungen ist[5].

Gänsefett gegen Sodbrennen

Gänsefett bindet die überschüssige Magensäure und wirkt schützend auf die

5 http://www.lmedo.de, Beitrag von Primel

Speiseröhre. Bei akutem Sodbrennen muss lediglich ein Teelöffel Gänseschmalz eingenommen werden und schon nach ca. 2 Minuten tritt eine deutlich spürbare Linderung der Beschwerden ein. Das Fett muss natürlich nicht pur verabreicht, sondern kann gerne auch auf ein Stück Brot aufgetragen und dann gegessen werden[6].

Gänsefett gegen Lungenkrebs

Selbst gegen Lungenkrebs scheint Gänsefett eine wirksame Medizin zu sein. So hilft es wohl, täglich einen Esslöffel Gänsefett aufs Brot zu schmieren, anschließend einen Esslöffel Dillsamen aufzustreuen und dann zu essen[7].

Gänsefett gegen den wunden Hintern

Welche Eltern kennen das nicht? Das Baby schreit und weint, weil es von den Windeln einen wunden Po hat. Man rennt zum Arzt und in die Apotheke, schmiert, cremt und pudert, doch die erhoffte Wirkung bleibt aus. Nun scheint Großmutter einen guten Rat zu haben: Den wunden Hintern einfach mit Gänsefett einschmieren und bald ist's vorbei mit der Plackerei[8].

Gänsefett gegen Bluterguss

Senfmehl mit ertwas Honig und Gänsefett gut vermischen und als Packung auf den Bluterguss anwenden. Hilft schnell und man muss nicht den Arzt oder Apotheker wegen irgendwelcher dubiosen Nebenwirkungen fragen[9]

Wer sonst noch Ideen hat, gegen welches Zipperlein Gänsefett eingesetzt werden

6 http://www.Omas Heilkunde, Beitrag von Manfredio Margarini Spagetti

7 http:www.spiralex.de

8 http://de.answers.yahoo. com, Beitrag von Michelle

9 http://www.nhk24.de

kann, sei herzlich zu einem erquicklichen Kommentar geladen.

Tomaten häuten

Im vorletzten Post stellte ich kurz die Idee einer Gänsebruschetta vor, dazu benötigt man gehäutete Tomaten. Hier nun der Trick, für alle, die sich fragen, wie das gehen soll oder die am Tomate häuten schon verzweifelt sind. Es ist fürchterlich einfach, wenn man weiß wie:

Die Tomaten werden auf der entgegengesetzten Seite des Stielansatzes leicht über Kreuz eingeritzt. Danach in eine hitzebeständige Schüssel legen und mit kochendem Wasser überbrühen. 1-2 Minuten ziehen lassen, das Wasser abgießen und die Tomaten kurz unter kaltem Wasser abschrecken. Nun lässt sich die Haut ganz bequem abziehen.

Messer schärfen

Es gibt so einige Dinge, die einem Menschen die Freude am Kochen gänzlich vergällen können.

Zu wenig Arbeitsfläche zum Beispiel oder eine Küche, in der erst mal alles Mögliche beiseite geräumt werden muss, bis minimale Freiräume zum Arbeiten entstanden sind.

Wenn man die Butter aus dem Kühlschrank nimmt und bei der Gelegenheit fällt eine Flasche klebrigen Apfelsaftes heraus und ergießt sich über den ganzen Küchenboden.

Wenn man voller Freude ein neues Rezept ausprobieren möchte, das Wasser kocht, die Pfanne brutzelt, man ist gerade so richtig im Element und plötzlich fällt einem auf, dass eine wichtige Zutat fehlt. Also: Ofen aus, Pfanne runter, rein in die Klamotten und losfahren zum Einkaufen.

All diese Dinge sind ärgerlich und verbannen wirkungsvoll die gute Grille aus der Küche.

Aber eine Sache gibt es, die alles toppt. Der König der Miesmacher, der Isegrim unter den Küchenelfen, der Trauerkloß zwischen den Frohgemuten, nämlich - das stumpfe Küchenmesser!

Nichts ist so lästig und kann dem wohlgemuten Hauptdarsteller in der Küche die Stimmung so trefflich verderben, wie ein stumpfes Messer!

Da benötigt man feine Zwiebelringe, greift zum Schneidwerkzeug, doch oh Graus! Die Klinge wehrt sich vehement die Zwiebel zu zerteilen. Stattdessen muss der widerspenstige Stahl mit brachialer Gewalt und enormem Druck durch die Zwiebel getrieben werden, um hernach wenigstens einige dicke Zwiebelfladen auf dem Brett liegen zu haben.

Noch schlimmer jedoch gebärt es sich mit den Tomaten, bei denen der geneigte Koch bestenfalls Tomatenmatsch erwirkt, statt feiner Scheiben.

Oder das besonders feine Geschnetzelte, auch so eine Sache. Da bestellt man sich beim Schlachter extra ein ganzes Stück Fleisch, schlägt dem hilfsbereiten Mann hinter der Theke das Angebot aus, das Fleisch schon zu schnetzeln, weil man es daheim mit besonderer Finesse zerteilen möchte und was kommt raus?

Unansehnlich zerfledderte Fleischklumpen, die sich bestenfalls zu einem sehr groben Gulasch qualifiziert haben aber keinesfalls ein raffiniertes Geschnetzeltes ergeben werden.

Die Industrie hat diese Problematik schnell erkannt und allerlei Produkte auf den Markt gebracht, die sich allesamt „Messerschärfer" nennen, jedoch nur einen Effekt haben, nämlich die Umsatzsteigerung des produzierenden Gewerbes und des Einzelhandels. Und ich kann euch garantieren: Ich habe alle ausprobiert.

Von den einfachen Anrissschärfern bis zu den elektrischen Klingenschärfern. Vom Abziehstahl bis zum elektrischen Schleifbock, mit dem ich mir die Messer reihenweise zerstörte, weil sie zu heiß wurden. Selbst der Scherenschleifer, der jedes halbe Jahr vorbeikam schaffte es nicht, meine Küchenverstimmung zu mindern. Nichts. Aber auch gar nichts schärfte meine Messer so, dass ich mich wieder mit Freude ans Kochen machen konnte.

Also kaufte ich mir alle paar Wochen neue Messer, was allerdings bald zu heftigen Auseinandersetzungen mit meiner Frau führte, ob des Küchenbudgets.

Alles in allem verdross mich die Messersituation in der Küche sehr, bis ich eines Tages in unserem Baumarkt zufällig auf die Lösung stieß.

Eigentlich war ich auf der Suche nach einer Rosenschere, als ich plötzlich den Sensenstein im Regal hängen sah. Als ich den Verkäufer fragte, ob es auch vorstellbar wäre, mit so einem Stein Küchenmesser zu schleifen verneinte er heftig und bot mir eifrig all den Mumpitz feil, den ich schon vergeblich erprobt hatte.

Doch diesmal blieb ich standhaft, ließ mich nicht in die Irre führen und kaufte den Sensenstein.

Nach einigen Versuchen und einigem Fummeln fand ich schließlich heraus, dass es ganz einfach ist, Küchenmesser wirklich scharf zu bekommen.

Man darf natürlich nicht diese verchromten Messer haben, die zu Billigstpreisen in allen möglichen Möbeldiscountern angeboten werden. Aber alle anderen Messer kann man leicht schärfen.

Folgendes Vorgehen hat sich bei mir bewährt:

Den Sensenstein mit der flachen Seite auf die Küchenspüle auflegen.

Das Messer in möglichst flachem Winkel leicht kreisend auf dem Sensenstein von der Klingenspitze zum Messerschaft und wieder zurück bewegen.

(Bei erstmaliger Verwendung des Schleifsteines dauert es etwas, bis sich der Stein eingeschliffen hat. Die relativ raue Oberfläche wird dann im Schleifbereich recht fein, das kann einige Minuten dauern.)

Das Messer auf der einen Seite so lange schleifen, bis man merkt, dass der Widerstand auf dem Schleifstein stärker wird. Das fühlt sich dann ungefähr so an, als ob der Stein die Klinge ansaugt. Wenn dieser Effekt eintritt, hat die Klinge einen neuen Schliff und dieselbe Prozedur kann mit der anderen Seite wiederholt werden. Beim ersten Mal wird das eine ganze Weile dauern, da die meisten Messer einen neuen Grundschliff brauchen. Wenn man sich aber regelmäßig darum kümmert, geht es in der Regel ganz schnell.

Und noch ein Tipp: Wenn das Messer nun so schön frisch geschliffen ist, so empfiehlt es sich, den Schleifstaub mit einem feuchten Lappen zu entfernen und jetzt auf keinen Fall das Messer über einen Wetzstahl ziehen, das macht es nur wider stumpf.

Ich weiß! Diese Aussage setzt sich allen Erkenntnissen der Messerschleiferei entgegen, aber meine Erfahrung ist eben eine Andere. Seither habe ich wirklich scharfe Messer und das Kochen macht wieder richtig Freude.

Eine Hymne auf die Soße

Ich bin Soßenfetischist.

Was nutzt das beste Fleisch, eine leckere Pasta und das schönste knackige Gemüse, wenn keine Soße vorhanden ist, die einzelnen Bestandteile des Gerichtes harmonisch abzurunden und zu einer Einheit zusammenzuführen. Soße gehört zu einem guten Essen wie die Vielzahl der Sterne zu einem romantischen Nachthimmel. Soße muss sein!

Doch Soße ist nicht gleich Soße, da gibt es ganz unterschiedliche Kameraden, die so manchen Teller zieren. Eine der Einfachsten und schnellsten Arten eine Soße zu bereiten ist sicherlich die folgende:

Wasser aufkochen, Soßenpulver einrühren, nochmal aufkochen lassen und fertig.

Ich will das auch gar nicht verteufeln, denn solches gehört nun einmal in unsere schnelllebige Zeit und der Witz - es schmeckt sogar.

Vor allem,

wenn man noch etwas Gemüse, Speck, Zwiebeln oder ähnliches anbrät,

wenn man einige Fleischwürfel in gutem Olivenöl bräunt,

wenn man die angebratenen Zutaten mit einem kräftigen Schluck Wein ablöscht,

wenn man fertigen Rinder- oder Kalbsfond dazu gibt,

wenn man Lorbeer, Piment und ein kleines Chilischötchen beifügt,

wenn man die ganze Sache gut durchkochen lässt und

wenn man erst dann das Soßenpulver dazugibt,
dann hat man im Handumdrehen eine durchaus schmackhafte Soße gezaubert, der man kaum noch anmerkt, dass sie aus Knorrs Alchemistenküche kommt.
Wirklich. Das kommt einer richtigen Soße schon nahe - aber eben nur nahe.
Wenn aber dem Koch, aus welchem Grunde auch immer Zeit zugemessen wird und er sich den Luxus der Muße leisten darf, dann wird die Zubereitung einer herausragenden Soße zu einem fulminanten Abenteuer.
Vor vielen Jahren stand ich einmal drei volle Tage in der Küche und war ausschließlich mit der Zubereitung einer Soße beschäftigt und noch heute zehre ich an der Freude, die ich damals empfand. Wenn man richtig viel Zeit in eine Soße investiert, kann es passieren, dass Fleisch, Gemüse und Pasta in den Hintergrund treten um der Soße den Vorrang zu lassen. In solchem Fall wird aus Genuss Hochgenuss.
Doch nicht nur Geschmack ist wichtig, eine gute Soße muss Charakter haben und die richtige Beschaffenheit. Einerseits flüssig, andererseits darf sie den Anblick Speisen auch nicht verwischen. Sie muss glänzen und seidig die Augen verführen. Das Aroma der Soße muss zum Hinriechen einladen. Sie muss die Zusammenstellung der Speisen auf dem Teller optisch zu einem Kunstwerk vervollständigen - die Soße muss die Krönung der Speise sein.
Ja, ich bin Soßenfetischist und deswegen habe ich mir vorgenommen eine kleine Serie Posts der Zubereitung von Soßen zu widmen[10].

Raffinierte Soßen Teil 1 – die Einbrenne

Es gibt eine Vielzahl von Soßen.
Gekochte Soßen, hell und dunkel. Aufgeschlagene Soßen, wie die Hollandaise. Barbecue-Soßen. Salatdressings. Fruchtsoßen. Süße Soßen, selbst Ketchup ist schon eine Soße. Und jede dieser leckeren Lustflüssigkeiten wäre es wert, einige Post zu füllen. Doch meine absoluten Lieblinge sind die gebundenen Dunklen und die

---

10 inspiriert von Anne Willan: Die große Schule des Kochens, Christian Verlag München

gebundenen Hellen, jenen werde ich die nächsten Artikel widmen. Wie sie aufgebaut sind, was dazugehört, wie sie in verschiedene Richtungen geleitet werden, wie man ihnen die richtige Konsistenz verpasst, und und und.... - all das werde ich von allen Seiten beäugen und beleuchten!

Zunächst einmal bestehen Soßen im Wesentlichen aus drei Bestandteilen. Der Einbrenne, dem Fond und den Aromazutaten.

Um eine einfache Grundsoße zu bereiten, nehmen wir folgende Zutaten:

- 30 g Butter
- 30 g Mehl
- 500 ml Fond (für den Anfang tut es ein fertiger Fond)
- Gewürze und Aromazutaten nach Wunsch

Die Einbrenne oder auch Mehlschwitze genannt dient dazu, die Soße zu binden. Sie besteht aus zwei Bestandteilen: Butter und Mehl, zu gleichen Anteilen. Um die Einbrenne anzufertigen ist es zunächst wichtig, einen Topf mit dickem Boden auf dem Herd zu erhitzen. Hernach wird bei mittlerer Temperatur die Butter in den heißen Topf gegeben und mit dem Schneebesen gerührt, bis sie sich aufgelöst hat und schaumig wird. Dann das Mehl unterschlagen. Nun gilt es nur noch mit dem Schneebesen zu rühren und zwar ständig. Schon eine kleine Unterbrechung des Rührvorganges kann zur Folge haben, dass die Mehlschwitze anbrennt. Also – ständig rühren. Auf keinen Fall nebenbei im Kochbuch lesen, Zwiebeln schneiden, Knoblauch schälen oder sonst irgendeine andere Tätigkeit ausüben oder sich gar durch Gespräche oder Kommentare ablenken lassen. Hier ist nur eines wirklich wichtig: höchste und ständige Konzentration!

Weiterhin ist es unerlässlich, mit mittlerer Temperatur zu arbeiten. Ist sie zu niedrig, bekommt die Soße keine Farbe, ist sie zu heiß, wird die Soße bitter. Nur bei mittlerer Hitze wird alles gut. Die Mehlschwitze wird nun so lange mit dem Schneebesen gerührt, bis sie die gewünschte Farbe hat. Weiße Soßen ca. 1 ½ - 2 Minuten, gelbe Soßen ca. 2 - 3 Minuten und braune Soßen ca. 5 - 6 Minuten.

Während diesem Vorgang brechen die Kohlenhydrate auf und der Soße wird ein kräftiger Grundgeschmack mit auf den Weg gegeben.

Hat die Einbrenne die gewünschte Farbe, muss der Fond eingerührt werden. Bei dunklen Soßen kann man zunächst einen fertigen Fond aus dem Glas nehmen. Später werde ich noch auf verschiedene Möglichkeiten eingehen, einen eigenen Fond herzustellen. Bei hellen oder gelben Soßen kann man Milch nehmen. Auch hier gibt es verschiedene Möglichkeiten, schon im Vorfeld die Milch zu aromatisieren. Auch darauf werde ich später noch eingehen.

Beim Einrühren des Fonds muss sehr behutsam gearbeitet werden, Gibt man zu viel auf einmal in den Topf, bindet die Soße zu schnell ab und es gibt Klümpchen. Die können zwar später mit dem Pürierstab wieder glattgebügelt werden, aber man kann sie vermeiden, wenn man den Fond nur Schluckweise hinzufügt und nach jedem Schluck mit dem Schneebesen kräftig rührt, bis eine homogene Masse entstanden ist. Erst dann den nächsten Schluck dazugeben und rühren. So wird nun Schluck um Schluck die Flüssigkeit zugeführt, bis sie ganz untergeschlagen ist. Die Soße wird nun aufgekocht und bei geringer Temperatur äußerst behutsam geköchelt, bis die richtige Konsistenz erreicht ist. Während der Kochzeit sollte immer wieder 2-3 Esslöffel kalten Fonds oder kalten Wassers hinzugegeben werden. Nach Beigabe von kalter Flüssigkeit bildet sich an der Oberfläche etwas Schaum, der vorsichtig abgeschöpft wird. Je öfter dieser Vorgang wiederholt wird, desto klarer und seidiger wird später die Soße. Die sich wiederholende Zugabe von kaltem Fond und anschließendem Abschöpfen nennt man „Klären der Soße“.

Mit ein bis zwei Stunden Klärzeit darf man für eine herausragende Soße schon rechnen. Während der Klärzeit können noch Aromazutaten oder Gewürze wie Piment, Lorbeer, Knoblauch, Ingwer beigegeben werden. Lasst der Phantasie hier ruhig freien Lauf.

Zum Abschluss wird die Soße mit Salz und Pfeffer abgeschmeckt.

Um einen ersten besonderen Kick in die Soße zu bringen, kann man Nussbutter statt normaler Butter nehmen. Wie man Nussbutter herstellt, werde ich in meinem nächsten Post behandeln.

Raffinierte Soßen Teil 2 – die Nussbutter

Geschmacksverstärker sind eine Unart - wer kennt diesen Gedanken nicht?

Doch lästigerweise erdreistet sich dieser wohl gemeinte Geistesblitz, uns eine ärgerliche Frage aufzunötigen. Nämlich: „Wie bekommen wir ohne diese vermaledeiten Aromabringer Geschmack ins Essen. Kaum versucht man, die unartigen Helfer aus der Speise zu verbannen, schmeckt's nicht mehr. Der Griff zu mehr Gewürz und Salz scheint der Rettungsanker, doch das einzige was die Küchenfrau bzw. der Küchenmann damit erreicht, ist überwürztes Essen. Der Geschmack jedoch bleibt aus. Was also tun? Fades oder überwürztes Essen essen? Nein. Also wieder rein damit, in die Töpfe und Pfannen - die guten Glutamate von Knorr, Maggi, Tellofix, und wie sie so alle heißen.

Eine Frage allerdings bleibt, nämlich: „Wie haben das unsere Großeltern gemacht, so ganz ohne?

Die Antwort ist einfach. Sie benutzten Geschmacksverstärker. Nur eben natürliche. Und solche stehen uns auch heute noch jederzeit zur Verfügung: Fett, Zucker, Alkohol und Röststoffe. In diesem Artikel spielen die Röststoffe eine besondere Rolle, denn alles angeröstete ist nichts anderes als Geschmacksverstärker nur eben ein natürlicher. So auch die Einbrenne aus dem letzten Post.

Um eben diese Röststoffe geht es bei der Nussbutter, der „beurre noisette". Nussbutter hat keineswegs irgendetwas mit Nüssen zu tun, einzig ein nussiger Geschmack ist ihr zu eigen.

Ich denke für viele Hobbyköche gehört die Einbrenne zum kleinen Ein mal Eins. Eine Einbrenne jedoch mit Nussbutter zubereiten, das ist selten. Und somit stehen wir vor einem erklecklichen Trick, mit dem wir manch feinen Gaumen in Erstaunen versetzen können. Das Aroma einer Speise, gefertigt mit Nussbutter ist weitgehend unbekannt.

Spannend am Kochen mit Nussbutter ist auch, dass sich die besondere Würze ein wenig ziert. Sie weigert sich schlichtweg, in den Vordergrund zu treten. Vielmehr verwöhnt sie den geneigten Genießer sanft, heraus aus dem kaum greifbaren Versteck der Gesamtkomposition.

Doch Nussbutter eignet sich nicht nur als Grundsubstanz für die Einbrenne. Ein anerkennendes Kopfnicken kann dem Gast immer wieder entlockt werden, wenn Nussbutter zum Zubereiten von pfannengerührtem Gemüse, hellem Fleisch oder Fisch verwendet wird. Es ist eine Delikatesse, eine grob gewürfelte Zucchini, eine grob gewürfelte Karotte, und eine in grobe Ringe zerteilte Zwiebel, in einer heiße Pfanne Nussbutter 2-3 Minuten mit Knoblauch, Salz, Pfeffer und etwas Chili zu sautieren und hernach genüsslich zu verspeisen.

Aber ich schweife ab!

Hier geht es um die Soße: Wenn wir die Einbrenne aus unserem letzten Post anstatt mit normaler Butter mit Nussbutter zubereiten, bekommen wir ein besonderes Aroma und es ist wirklich einfach, Nussbutter herzustellen.

Man nimmt einen Topf mit dickem Boden, erhitzt ihn auf mittlere Temperatur und gibt ein ganzes Stück Butter hinein. Wenn die Butter geschmolzen ist und brutzelt, wird die Temperatur zurückgenommen, bis die Butter nur noch leise vor sich hinschmurgelt. Schon nach kurzer Zeit erscheinen Verunreinigungen in Form von weißem Schaum auf der Oberfläche. Dieser Schaum muss immer wieder vorsichtig abgeschöpft werden, bis die Oberfläche frei davon ist. Ein anderer Teil dieses Schaumes setzt sich auf dem Boden ab, wo er eine wichtige Aufgabe erfüllt. Mit der Zeit klärt sich die Butter und nach ca. 20-30 Minuten beginnen die Stoffe auf dem Boden langsam Bräune anzunehmen. Die Flüssigkeit verwandelt sich von hellgelb in dunkelgelb. Die Farbveränderung rührt daher, dass sich durch die gebräunten Bodenteilchen Röststoffe gebildet haben, die nun Farbe und Geschmack an die flüssige Butter abgeben. In der Küche entsteht nun das typisch nussige Aroma. Wichtig ist jedoch, die Sache nicht zu lange aus den Augen zu lassen, sonst brennt's an. Wenn also die Nussbutter schön klar und dunkel gelb im Töpfchen ruht, muss sie von der Herdplatte genommen werden und ca. 5 Minuten abkühlen. Hernach die Butter durch ein mit Küchentuch ausgelegtes Sieb filtern. Heraus kommt eine klare Flüssigkeit mit herrlichem Aroma, die abgedeckt einige Wochen im Kühlschrank haltbar ist.

Raffinierte Soßen Teil 3 – der Fond

Der nächste wichtige Baustein einer raffinierten Soße ist der Fond. Über ihn wird die Menge der Soße bestimmt, er ist Träger der Gewürze und nimmt Mehl oder Stärke auf.

Doch was ist ein Fond eigentlich?

Einfach ausgedrückt: Ein Fond ist Wasser, in dem alles Mögliche gekocht wurde. Woraus, bleibt der Phantasie des Kochs überlassen. Gemüse, Fleischreste, Knochen oder was sonst noch alles in Kühlschrank, Gemüsefach und Gewürzregal rumlümmelt, kann genommen werden. Wird ein Fond gewürzt und gebunden, entsteht eine Soße. Das Binden kann mit Brot, Stärke oder einer Einbrenne vorgenommen werden. Fonds werden eingeteilt in hell und dunkel. Die Herstellung ist grundsätzlich identisch, beim dunklen werden die Zutaten lediglich gebräunt und Tomatenmark zugegeben, das veredelt die Farbe.

Sehr wichtig bei einem Fond ist: Er darf keinen starken Eigengeschmack haben, seine Aufgabe besteht nämlich darin, andere Aromen zu verstärken. Deswegen wird ein Fond nur mit sehr wenig, besser keinem Salz gekocht. Die Würze kommt erst später, bei der Zubereitung der Soße.

Als Grundlage für Fonds dienen Fleisch und Knochen von Kalb, Rind, Huhn (Hühnerklein) oder Wild. Andere Fleischsorten sind weniger geeignet, wegen ihres starken Eigengeschmackes.

Als Aromastoffe empfehlen sich Zwiebel, Lauch, Möhre und Sellerie, in kleinen Mengen gibt auch Topinambur einen guten Geschmack. Als Kräuter bieten sich Thymian, Majoran, Lorbeer, Petersilie und Knoblauch an, gewürzt wird mit Pimentbeeren, Pfefferkörnern und sehr wenig Nelke.

Zentrales Element eines guten Fonds ist Gelatine. Sie bewirkt, dass der Fond und hernach die Soße vollmundig werden. Man gewinnt sie durch langes und langsames köcheln von Knochen, Bindegewebe und Fleisch. Die darin enthaltenen Kollagene werden durch das Köcheln in Gelatine umgewandelt. Deswegen sollte man Knochen auch in kleine Stücke zerteilen lassen, so kann mehr Gelatine austreten.

Eines gilt es besonders zu beachten: Der Fond muss sehr sehr langsam köcheln. Kocht er stark, wird er trüb. Die Trübung kann zwar mittels Eiweißklärung wieder beseitigt werden das jedoch geht zu Lasten des Geschmacks.

Soweit zur Theorie, schreiten wir nun zum praktischen Teil - ich werde drei klassische Fonds vorstellen. Doch bitte versteht dies nur als Anregung. Im Endeffekt ist es wichtig, dass der Essensmacher seine eigenen Kreationen entwickelt. Schließlich bleibt es seiner Phantasie überlassen, was er so alles ins Wasser schmeißt, um seinen Fond zu gewinnen - selbst Innereien sind denkbar.

heller Kalbs- oder Rinderfond

eignet sich zu allen hellbraunen bis gelben Soßen:

- 3 KG Rinder- oder Kalbsknochen, in Stücke zerteilt
- 2 Zwiebeln, geviertelt
- 2 Möhren, grob zerteilt
- 1 Stange Lauch, in grobe Ringe geschnitten
- etwas Topinambur, geschält (wer's mag)
- 1-2 Zweigchen Thymian
- 1-2 Lorbeerblätter
- 3-4 Stängelchen Petersilie
- 2-3 Pimentbeeren
- 1 Nelke
- 8-10 Pfefferkörner

- 3-4 geschälte Knoblauchzehen
- 4-5 l. Wasser

Die Knochen werden in einem Suppentopf (nicht Alu) mit Wasser bedeckt und zum Kochen gebracht. Anschließend ca. 5 Minuten sieden lassen, hernach den Sud weg schütten und die Knochen mit klarem Wasser abspülen. Dieser Vorgang reinigt das Gebein innerlich, Trübung wird vermieden. Danach den Topf reinigen.
Nun werden sämtliche Zutaten in das Behältnis gegeben und der Herd auf höchste Stufe gestellt. Sobald das Wasser kocht, die Temperatur zurücknehmen, bis der Fond nur noch ganz leise köchelt. Den Schaum von Zeit zu Zeit abschöpfen und alles ca. 4-5 Stunden langsam einkochen lassen.

Hühnerfond

Wird genauso zubereitet, nur die Kombination der Knochen ändert sich. 1,5 Kg Rinder oder Kalbsknochen werden mit 1,5 Kg Hühnerklein zusammen gekocht.. Hühnerklein sollte man bei jedem guten Schlachter erhalten.

Dunkler Kalbs- oder Rinderfond

eignet sich für dunkelbraune Soßen.
Die Zutaten sind dieselben wie beim hellen Fond, nur die Vorgehensweise ändert sich. Die Knochen werden im Ofen in der Fettpfanne bei 230-240 °C zunächst ca. 45 Minuten gebräunt und gelegentlich gewendet. Nach 45 Minuten das Gemüse, nicht die Gewürze, dazugeben und ca. 20 Minuten weiter brutzeln lassen. Wenn alles schön braun ist, sämtlich Zutaten aus der Fettpfanne nehmen, herausgekochtes Fett weg schütten und die Fettpfanne mit ca. ½ Liter Wasser ablöschen. Die anhaftenden Röststoffe vorsichtig mit einem Holzlöffel abschaben, bis sich so viel wie möglich in der Flüssigkeit gelöst hat. Nun alles zusammen in den Suppentopf geben, die Gewürze und das Wasser nicht vergessen. Alsdann wie oben ca. 4-5 Stunden sehr sehr

langsam einköcheln lassen. 1 Esslöffel Tomatenpüree und 1-2 Tomaten verleihen dem Fond schöne Farbe und sollten auch gleich zu Anfang mit zugegeben werden.
Eines ist bei der Herstellung von Fonds enorm wichtig, das Einkochen! Das sorgt für ein intensives Aroma, da viele Geschmacksstoffe erst nach längerer Kochzeit aufbrechen und ihr Aroma preisgeben. Außerdem wird so, wie bereits erwähnt die Gelatine gewonnen, welche die Soße später satt und sämig macht.

Abschließend sei nochmals betont: Den Fond nicht stark kochen lassen, er trübt sonst sofort ein!

Nach dem Einkochen bleiben noch ca. 2-3 Liter Flüssigkeit übrig. Der Topfinhalt wird nun durch ein Sieb gegossen und der so gewonnene Fond kann ca. 3 Tage im Kühlschrank aufbewahrt oder eingefroren werden.

Raffinierte Soßen Teil 4 – die Béchamel

Über Einbrenne und Fond stellte ich zwischenzeitlich einige Anregungen vor. Um zu einer raffinierten Soße zu gelangen, müssen diese beiden Gesellen geschickt zusammengeführt, gewürzt und veredelt werden.
Im Wesentlichen gibt es dabei drei unterschiedliche Typen, aus deren Abkömmlingen hunderte von Soßen gefertigt werden können. Phantasie und Kreativität sind hier gefordert. Grenzen setzt nur der persönliche Geschmack.

Typ 1, die Béchamel:

Sie ist die Mutter aller hellen Soßen und wird verwendet für verschiedene Gemüsesorten, sie zu verfeinern und ihr Aroma zu heben.

Typ 2, die Velouté:

Ihre Farbe schwankt von gelb bis hellbraun und sie dient zu Veredelung von hellem Fleisch wie Kalb, Geflügel oder Krustenbraten.

Typ 3, die braune Soße:

Sie ist dunkelbraun und wird verwendet für nette Leckereien wie Rinderbraten, Rouladen, oder für andere dunkle Fleischsorten.

Jede dieser Grundtypen kann entweder klassisch verwendet oder nach belieben in unterschiedlichste Soßen verwandelt und weiterentwickelt werden.

In diesem Artikel stelle ich die Béchamel vor.

Eine Béchamel ist einfach herzustellen und benötigt zur Zubereitung nur relativ wenig Zeit.

Der Fond für die Bechamel:

Im Gegensatz zur Velouté und der braunen Soße, bei denen ein Fond aufwendig hergestellt werden muss, kann man bei der Béchamel einfach Milch nehmen. Um Pepp in die Soße zu bringen, sollte die Milch mit Salz, Pfeffer und Muskatnuss gewürzt werden. Hernach empfiehlt es sich, die Milch in einem Topf kurz aufwallen zu lassen, unter Beigabe von Lorbeer, Zwiebel, Pfefferkorn, Piment, Nelke, Wacholderbeere, Chili oder Topinambur. Natürlich müssen nicht alle Gewürze auf einmal in der Milch schwimmen, je nach Geschmack oder Gericht sollten sich natürlich nur ausgewählte Vertreter einfinden. Hernach muss der Sud bei geschlossenem Deckel ca. 15 bis 30 Minuten durchziehen. Abschließend die Milch durch ein Sieb gießen. Die daraus gewonnene Flüssigkeit ergibt nun einen leckeren Fond, der Béchamel einen neuen Akzent zu verleihen.

Nun zum Rezept für 250 ml Béchamel:

- 250 ml Milchfond, wie oben angegeben
- helle Einbrenne aus 20g Butter und 20g Mehl
- 1 Eigelb

Die helle Einbrenne, wie in "Raffinierte Soßen Teil 1 - die Einbrenne" beschrieben, anfertigen. Wenn die Einbrenne fertig ist, den Topf vom Herd nehmen und etwas abkühlen lassen. Danach den Milchfond schluckweise unter ständigem Rühren mit dem Schneebesen in die Einbrenne füllen. Wichtig ist das ständige Rühren, damit sich keine Klümpchen bilden. Sollten sich doch Klümpchen bilden, kann die Soße durch ein Sieb gestrichen werden. Wenn der gesamte Fond untergerührt ist, den Topf wieder auf den Herd stellen, bei niedriger Temperatur unter ständigem Rühren zum kochen bringen und so lange rührend weiter köcheln lassen, bis sie schön eingedickt ist. Nochmal mit Muskat, Salz und Pfeffer abschmecken, 1-2 Minuten unter ständigem Rühren weiter sieden lassen. Danach den Topf von der Kochstelle nehmen, kurz erkalten lassen, das Eigelb unterrühren und servieren, entweder in einer Soßenschüssel oder über dem Gemüse.

Béchamel bildet gerne Haut.

Um die Haut auf der Béchamel zu vermeiden, kann man ein kleines Stückchen Butter auf eine Gabel spießen und damit leicht über die Oberfläche streichen. Der so entstandene Fettfilm verhindert die Bildung der unansehnlichen Haut.

Béchamel eignet sich besonders zum Nappieren von Gemüse wie Rosenkohl oder Brokkoli. Sie lässt dem Gemüse den eigenen Geschmack, verleiht ihm aber eine neue Richtung, je nach beigefügten Gewürzen.

Diese Soße kann als Grundlager für viele weitere Soßen verwendet werden, drei Beispiele stelle ich hier kurz vor. Aber nochmals möchte ich hervorheben: Der Phantasie ist keine Grenze gesetzt, es sei denn durch den Geschmack.

Käsesoße:
Nachdem die Soße servierfertig ist, einfach 2-3 Esslöffel Parmesan oder Roquefort unterschlagen und mit etwas Dijonsenf verfeinern.

Aber Achtung!

Die Soße darf nun nicht mehr erhitzt werden, der Käse zieht sonst Fäden.

Sahnesoße:
Unter die Béchamel einfach 3-4 Esslöffel Crème Fraîche rühren und noch kurz weiter köcheln lassen. Dann erst vom Herd nehmen, das Eigelb hinzufügen und nochmals abschmecken.

Tomatensoße anders:
Interessant ist, eine Tomatensoße auf Basis einer Béchamel zu bereiten. Dazu mischt man einfach 2-3 Teelöffel Tomatenpüree unter die Béchamel und würzt nochmals nach.

Doch wie gesagt, der Phantasie sind keine Grenzen gesetzt, die Béchamel ist eine Grundsoße, aus der unendlich viele weitere Soßen entwickelt werden können.

Abschließend nochmals zwei "Achtungs"!

Da Milch sehr schnell anbrennt oder überkocht, darf bei der Fertigung der Béchamel die Soße nicht aus den Augen gelassen werden. Sie muss ständig gerührt und es darf nur mit mittleren bis niedrigen Temperaturen gearbeitet werden.

Der Béchamel darf keine Säure wie Wein oder Zitrone zugeführt werden, das Eiweiß denaturiert sonst und die Soße wird kriselig.

Und noch etwas:

Ralf hat in seinem Blog "Einmal selber kochen" ein grandioses Rezept veröffentlicht: "Scharfes Lachsfilet im Ofen garen"[11]. Ich habe das Rezept genau so wie bei Ralf vorgestellt gekocht. Dazu bereitete ich Basmatireis und Rosenkohl mit Béchamel nappiert. Das Gericht war eine absolute Wucht, ich habe selten etwas so Gutes gegessen.

11 http://selber-kochen.com/scharfes-lachsfilet-im-ofen-garen/218/

Raffinierte Soßen Teil 5 – die Velouté

Nicht weiß oder hellgelb wie die Béchamel, sondern goldgelb bis hellbraun schmeichelt die Velouté ihren Speisen. Sie wird zwar auch mittels einer Einbrenne gebunden, jedoch im Gegensatz zur mit Milch zubereiteten Béchamel, nimmt man bei der Velouté hellen Kalbs- oder Hühnerfond. Wer Muße hat und etwas ganz besonderes kochen möchte, dem sei geraten den Fond selber herzustellen, wie in Raffinierte Soßen Teil 3 dargestellt.

Wer die Zeit nicht hat, kann natürlich auch einen gekauften Fond nehmen. Hier sollte allerdings nicht gespart werden, denn für das Gelingen einer Velouté ist die Qualität des Fonds von entscheidender Bedeutung. Im Gegensatz zur Béchamel, die nur kurz kochen muss, benötigt eine gute Velouté mindestens ½ Stunde, besser eine Stunde oder mehr. Während dieser Zeit reift sie, das Aroma wird konzentriert und das Mehl bricht auf.

Deswegen wird der Einbrenne auch wesentlich mehr Fond zugegeben, als später an Soße benötigt. Der zunächst dünne Sud wird hernach langsam eingekocht, bis zur gewünschten Konsistenz. Während dieser Zeit können Aromazutaten wie Zwiebel, Lorbeer, Piment, Chili oder ähnliche beigegeben werden.

Auch hier besonders darauf achten: Niedrige Temperatur !

Von Zeit zu Zeit einen Schluck kaltes Wasser zugeben, immer wieder umrühren und den Schaum von der Oberfläche abziehen. Auf diese Weise klärt sich die Soße.

Hat sie die erforderliche Konsistenz, nach ca. 1 – 1 ½ Stunden köcheln, ist die Velouté fertig, allerdings noch ohne besonderen Geschmack.

Um eine gute Soße zu bekommen, muss die Velouté auf die Hauptspeise abgestimmt werden. Unter Zugabe von Bratensaft, reduziertem Wein, Sahne oder Eigelb bekommt sie Geschmack und Richtung. Einige Spritzer Zitronensaft sollten auf jeden Fall dabei sein, lassen Sie Ihrer Phantasie ruhig freien Lauf. Natürlich gehören auch Salz und Pfeffer dazu.

Ein ganz besonderer Effekt wird erzielt, wenn man etwas pürierten Spinat beifügt. Neben dem neuen Gout sorgt die so bearbeitete Velouté für Überraschung, wenn statt goldgelber plötzlich grüne Soße zum Fleisch serviert wird. Mit Safran z.B. kann ein schönes Gelb erreicht werden, je nachdem wozu sie serviert wird oder welchen Effekt man möchte.

Nun zum Rezept für ca. 250 ml Soße:

- 400 ml heller Kalbsfond
- 20 g Butter
- 20 g Mehl

Den Fond in einem Topf kurz aufkochen und zur Seite stellen.
Eine Einbrenne aus der Butter und dem Mehl herstellen und ca. 2 Minuten anschwitzen, wie in Raffinierte Soßen Teil 1 beschrieben. Ist die Einbrenne goldgelb, den Topf von der Kochstelle nehmen und etwas abkühlen lassen.
Den Fond mit dem Schneebesen unter ständigem Schlagen ganz langsam in die Einbrenne rühren, bis aller Fond eingebracht ist.
Die Flüssigkeit kann mit verschiedenen Aromazutaten wie Lorbeer, Piment, Chili oder ähnlichem versehen werden.
Den Sud aufwallen lassen und bei niedriger Temperatur mindesten ½ Stunde köcheln lassen, besser eine Stunde. Je länger sie köchelt, desto feiner und aromatischer wird hernach die Velouté. Dabei natürlich nicht vergessen: Immer wieder umrühren, denn Mehl zieht gerne an.
Wie bereits erwähnt sollte die Soße während des Einkochvorganges geklärt werden, wozu der weiße Schaum von der Oberfläche wiederholt abgeschöpft wird. Von Zeit zu Zeit ein hinzugefügter Schluck kalten Wassers vertieft die Klärung.

Hat die Soße die gewünschte Konsistenz erreicht, den Topfinhalt durch ein Sieb streichen, so wird sie schön samtig. Abschließend noch mit Bratensaft, reduziertem Weißwein, Zitronensaft, Eigelb oder Sahne, Salz und Pfeffer abschmecken und servieren.

Raffinierte Soßen Teil 6 – braune und dunkle Soßen

Braune Soße unterscheidet sich nicht sonderlich von der Velouté, im Wesentlichen durch ihre Farbe.
Bei der Velouté wird die Einbrenne goldgelb bis hellbraun geschwitzt und ein heller Fond verwendet. Bei brauner Soße wird behutsam eine dunkle Einbrenne hergestellt und dunkler Fond verwendet. Über alles schrieb ich bereits ausführlich in "Raffinierte Soßen Teil 1 - die Einbrenne", in "Raffinierte Soßen Teil 3 - der Fond" und in "Raffinierte Soßen Teil 5 - die Velouté".
Braune Soße sollte im Geschmack intensiver sein als Velouté.
Deswegen: Bratensaft oder abgelöschte braune Rückstände von angebratenem Fleisch mit verwenden. Steht solches nicht zur Verfügung, kann man auch auf angebratene Speckwürfel ausweichen, wie das im folgenden Rezept vorgesehen ist..

Ein klassischer Vertreter der dunklen Soßen ist die „spanische Soße"
oder „Sauce espagnole"

Zutaten (für ca. ½ Liter)

- 30 g Butter (geklärt)
- 30 g Mehl
- etwas Öl
- 100 g Speckwürfel von rohem Schinken
- 1 Zwiebel gewürfelt
- 1 Karotte gewürfelt
- einige Lauchblätter

- 2 Tomaten geviertelt, mit Haut
- 2 Esslöffel Tomatenpüree
- 2 Lorbeerblätter
- 1-2 kleine Chilischoten
- 6 Pimentkörner
- 10 Pfefferkörner
- Salz
- Pfeffer aus der Mühle
- 800 ml dunkler Fond (gekauft oder selbst hergestellt)
- 200 ml trockener Weißwein

Zubereitung

Den Fond und den Weißwein mischen, kurz aufkochen lassen und zur Seite stellen.
In einem Topf mit dickem Boden den Speck zusammen mit etwas Öl anbraten. Wenn die Speckwürfel knusprig sind, aus dem Topf nehmen und beiseite stellen. In demselben Fett Zwiebeln und Karotten sautieren, bis sie weich sind.
Die Butter darin auslassen und zusammen mit dem Mehl, den Zwiebeln und den Karotten eine dunkle Einbrenne machen, wie in "Raffinierte Soßen Teil 1 - die Einbrenne" beschrieben. Wenn alles kräftig braun ist, den Topf von der Kochstelle nehmen und die Speckwürfel einrühren. Nun langsam, schluckweise, unter ständigem Rühren den Fond einmischen. Alle anderen Zutaten dazugeben und alles miteinander unter gelegentlichem Rühren vorsichtig einköcheln lassen, ca. 3-4 Stunden. Den Schaum immer wieder von der Oberfläche abschöpfen. Wenn die Flüssigkeit etwa um die Hälfte reduziert und eingedickt ist, den Topfinhalt durch ein Küchensieb schütten, die Soße noch abschmecken und servieren.

Die Soße zur Gans – kräftig und bekömmlich

Mit dem Gänsebraten und der Soße ist das so eine Sache.

Der Sud aus der Gans ist zwar lecker aber nicht so ohne weiteres zu genießen, da es sich um Fett handelt. Isst man es reichlich, bleibt das Wohlgefühl nach dem Essen aus. Da hilft auch kein Schnaps.

Auf der anderen Seite ist Gänsefett nicht nur lecker sondern auch gesund, wie ich bereits in meinem Post "Gänsefett" beschrieb und sollte deswegen unbedingt verwendet werden, jedoch nur in Mengen, die einer Soße nicht genügen.

Was also tun um diesem Dilemma zu entfliehen und eine schmackhafte, wie bekömmliche Soße herzustellen?

Die Lösung ist denkbar einfach - die Velouté weist den Weg, vor allem, da Gänsebraten dem Koch sowieso die ein oder andere Stunde Zeit abverlangt. Es ist also ein leichtes, nebenher eine Velouté zu fabrizieren. Ich schrieb in Raffinierte Soßen Teil 5 bereits ausführlich darüber.

Allerdings sollte die Soße nicht klassisch zubereitet sondern dem gänsischen Braten angepasst werden.

Dazu empfiehlt sich folgendes Vorgehen:

Zutaten:

- Innereien und Hals der Gans, zerteilt und klein gewürfelt
- 1 Zwiebel, in halbe Ringe geschnitten
- 1 Karotte, klein gewürfelt
- etwas Lauch
- 400 ml Geflügelfond
- 400 ml Kalbsfond
- 200 ml Weißwein trocken
- 2 Lorbeerblätter
- Salz
- Pfeffer
- 1-2 Esslöffel Gänsefett

- 30 – 40 g Gänsefett

(Das Fett kann vom Sud des Gänsebratens abgeschöpft werden. Besser jedoch ist, das Fett auszulassen, wie in "Gänsefett gewinnen" beschrieben.)

ca. 30 g Mehl

Zubereitung:

Geflügelfond, Kalbsfond und Weißwein in einen Topf schütten, aufkochen und zur Seite stellen.

Die Innereien der Gans und den Hals mit den 1-2 Esslöffeln Gänsefett in einer Pfanne rösten. Etwas später die Zwiebelringe sowie die Karotte dazugeben und weiter braten. Wenn alles schön braun ist, den Inhalt der Pfanne in einen Topf mit dickem Boden umfüllen.

Jetzt die 30 – 40 g Gänsefett in eben diesem Topf erhitzen.

Anschließend das Mehl (zusammen mit den anderen Zutaten) im selben Topf bei mittlerer Temperatur 2-3 Minuten unter ständigem Rühren anschwitzen, bis es hellbraun geworden ist. Den Topf von der Kochstelle nehmen und etwas abkühlen lassen.

Anschließend unter ständigem Rühren, langsam und Schluck für Schluck das Fond-Weingemisch in die Mehlschwitze einbringen. Wenn der ganze Fond im Topf ist, alles bei mittlerer Hitze zum Kochen bringen, gelegentlich umrühren, Lorbeer und Lauch hinzufügen und 1 – 1 ½ Stunden langsam einköcheln lassen. Dabei öfter umrühren und den weißen Schaum von der Oberfläche abschöpfen, die Haut lassen.

Gegen Ende der Garzeit mit Salz und Pfeffer abschmecken.

Wenn die Soße nach dem Einkochen die erforderliche Konsistenz hat - ca. 500 ml bleiben übrig - den Topfinhalt durch ein Sieb gießen. Die Haut sowie alle störenden Inhaltsstoffe werden dabei entfernt und die Soße nimmt eine samtig weiche Beschaffenheit an.

So erhält man eine schmackhafte Soße mit typischem Gänsearoma, die nicht nur aus Fett besteht und bekömmlich ist.

Königinnenpastete – wahrhaft für Königinnen

Eines jener Dinge, die aus lapidarer Speisezubereitung ein Abenteuer werden lassen, ist die Jagd nach dem verlorenen Geschmack.

Wer kennt das nicht? Da sitzen in netter Runde Freunde beisammen, Speisen werden aufgetragen, man erwartet nichts Besonderes, schiebt den ersten Bissen in den Mund und vollkommen unvermittelt kracht es im Gebälk der Seele. Plötzlich wird man überwältigt vom Hochgenuss. Es kommt einfach über einen, gänzlich unerwartet - das Geschmackserlebnis der dritten Art.

Üblicherweise erkundigt sich der erfreute Genießer umgehend nach dem Rezept des kulinarischen Leckerbissens, um es bei nächster Gelegenheit nach zu kochen.

Bis hierher ist alles in bester Ordnung.

Doch was, wenn er vergisst zu fragen?

Wenn der Kontakt zu jener Meisterin des Gaumenschmauses nicht mehr herzustellen ist?

Dann bleibt nichts mehr, als eitles sehnen.

So erging es mir, als ich zum ersten Mal Königinnenpastete aß. Ich war geladen bei der Mutter eines Freundes. Bis dato nur sehr einfache schwäbische Kost gewöhnt und wenig gewillt Neues zu versuchen, beäugte ich argwöhnisch das meinen Teller zierende Pastetchen. Keine Spätzle, das konnte nichts taugen. Dafür so ein lächerliches Hütchen aus Blätterteig. Na ja, wer's mag. Missmutig ob der fremden Kost ließ ich gute Mine zu bösen Spiel erkennen. Lächelnd schnitt ich ein Stück ab, schob den Bissen in den Mund und plötzlich geschah es: Das Geschmackserlebnis der dritten Art, das mein ganzes kulinarisches Leben umkrempeln sollte.

Leider verstarb die Mutter des Freundes kurze Zeit später, ich konnte nie nach dem Rezept fragen. Seither bin ich auf der Jagd nach dem verlorenen Geschmack.

Fortan jede Gelegenheit nutzend Königinnenpastete zu kosten, hoffte ich jenes Erlebnis wiederholen zu können, doch bisher nur mit mäßigem Erfolg. Jedes mal wurde ich enttäuscht. Meistens gab es sowieso nur dieses Zeug aus der Dose, bestenfalls noch etwas nachgewürzt.

Aber. Ich gab nicht auf. Ich begann zu experimentieren. Nach einigen Versuchen bekam ich die Füllung der Pastete so hin, dass sie dem Labsal von damals nahe kam. Doch leider konnte ich bis heute nicht die Raffinesse erreichen, die nötig wäre jener begnadeten Köchin das Wasser zu reichen.

Hier nun der aktuelle Stand meiner Experimente.

Die Königinnenpastete ist übrigens eines der klassischen Rezepte, bei dem die Velouté zum Einsatz kommt:

Zutaten:

- 4 Pasteten vom Bäcker. (Nicht aus dem Supermarkt, die schmecken meist nach alter Margarine)
- 200 g kleine Champignons
- 600 g Kalbfleisch
- Öl
- Saft einer Zitrone
- etwas Butter
- 2 El Schmand
- 2 Eigelb
- Salz
- Pfeffer
- Muskatnuss

- 30 g Butter, besser Nussbutter
- 30 g Mehl
- 400 ml Kalbsfond
- 200 ml Hühnerfond
- 200 ml trockener Weißwein
- 2 Lorbeerblätter

- 6 Pimentkörner
- 2 Nelken
- 2 Chilischoten
- 1 kleine geviertelte Zwiebel

Zubereitung:

Den Kalbsfond, den Hühnerfond und den Weißwein in einem Messbecher zusammenschütten. Aus der Butter, dem Mehl und dem Fond eine goldgelbe Velouté herstellen. Gleich zu Anfang Lorbeer, Piment, Chili, Nelken und Zwiebel mit in den Topf geben, langsam einkochen und immer wieder abschäumen, bis die Soße eingedickt ist. Eine Kochzeit von ca. 1 h muss eingerechnet werden.

Nachdem die Velouté ungefähr. 45 Minuten geköchelt hat wird der Rest der Pastete zubereitet.

Zunächst sollte der Ofen auf 180 °C vorgeheizt sein. Die Pasteten werden im Ofen ca. 15 Minuten gebacken.

Wenn die Pasteten im Ofen sind, das Kalbfleisch in kleine Würfel schneiden und leicht anbraten. Klassischer Weise wird das Fleisch gekocht. Ich persönlich hingegen bin der Meinung, der Geschmack wird intensiver, wenn das Fleisch kurz angebraten wird. Eine leichte Bräunung ist empfehlenswert, es sollte jedoch nicht wirklich braun werden, denn die Königinnenpastete ist ein Gericht von heller Farbe. Wenn das Fleisch zu sehr angebraten ist, wird die Füllung dunkel, der Geschmack ähnelt dann eher dem von Gulasch. Wenn also das Fleisch leicht angebraten ist, wird es aus der Pfanne genommen, in ein Behältnis gefüllt und mit Alufolie abgedeckt.

Nun die Champignons reinigen und vierteln. Danach die Pilze mit etwas Butter, dem Zitronensaft, Salz und Pfeffer in der Pfanne andünsten. Es empfiehlt sich, dieselbe Pfanne zu nehmen, in der auch das Fleisch angebraten wurde, so wird der Geschmack vom Anbraten in die Speise aufgenommen. Nach ca. 5 Minuten sind die Pilze fertig gedünstet. Das Fleisch zu den Pilzen in die Pfanne füllen und in der Pfanne warm halten.

Wenn die Velouté die richtige Konsistenz hat, wird sie durch ein Sieb in die Pfanne mit den Pilzen und dem Fleisch gefüllt, ca. 400 – 500 ml sollten vorhanden sein. Nun den Schmand zugeben, und alles durchrühren, etwas köcheln lassen und mit den Gewürzen abschmecken. Hernach die Pfanne von der Kochstelle nehmen, kurz abkühlen lassen und die Eigelb unterrühren.

Die Füllung ist nun fertig. Die Pasteten werden aus dem Ofen genommen und mit der Füllung beschickt. Zur Dekoration eignet sich fein gewiegte Petersilie oder einige Schnittlauchröllchen.

Als Beilage wagte ich bei meinem letzten Experiment eine neue Kreation. Ich nahm zwei Portionen Ackersalat und drapierte sie auf den Tellern. Anschließend verteilte ich einige Clementinenschnitze darauf und bröselte etwas Bergader darüber. Ursprünglich hatte ich noch vor, eine Handvoll gerösteter Walnüsse auf den Salat zu streuen, leider waren meine Nüsse nicht mehr frisch. Als Dressing verteilte ich einige Esslöffel Vinaigrette.

Kurz zur Vinaigrette:

2 EL Zitronensaft werden mit 2 TL Senf zu einer homogenen Emulsion verquirlt. Dann 6 EL Olivenöl dazugeben, durchschlagen und mit Salz und Pfeffer abschmecken.

Achtung: Der Senf muss in Säure gelöst werden, erst dann das Öl hinzufügen. Umgekehrt bildet sich keine homogene Emulsion.

Knoblauch

Knoblauch polarisiert die Welt. Während der eine ihn liebt und gerne täglich davon naschen würde, ekelt es den anderen förmlich an, das Aroma der herzhaften Knolle auf der Zunge oder in der Nase zu spüren.

Das alles wäre kein Problem und jeder könnte seiner Lust oder Unlust freien Lauf lassen, wäre da nicht der nächste Tag, der den Knoblauchliebhaber enthüllt. Da hilft weder gründliches Zähneputzen noch kräftiges Duschen, die Duftwolke umgibt den "Bösewicht" und verrät die Untaten des Vorabends.

Knoblauchliebhaber gehen unterschiedlich damit um. Die einen vermeiden den abendlichen Genuss, die anderen haben sich ein dickes Fell zugelegt und begegnen den vorwurfsvollen Blicken überlegen mit freundlichem Lächeln, denn sie wissen um alle positiven Kräfte, welche diese herausragende Zwiebel dem Körper spendet.

Knoblauch enthält nämlich unter anderem Selen, eines der wichtigsten Schutzstoffe vor Krebs und Herzinfarkt. Zusammen mit Vitamin E verhindert Selen die Verklumpung von Blutplättchen und hält somit die Arterien sauber.

In China gibt es Gebiete mit totalem Selenmangel im Boden. Wissenschaftler stellten fest, dass in dieser Region schon 10 jährige Kinder unter Herzkrankheiten leiden und daran auch sterben.

Interessant finde ich in diesem Zusammenhang, dass neben Knoblauch das verpönte Schweinefleisch ein wichtiger Selenspender ist, weil dem Futter der Tiere Selen zugesetzt wird, zum Gesundheitsschutz. Ob das allerdings auch für Biofleisch gilt ist sicherlich eine Frage, der man gesondert nachgehen sollte.

Um der ganzen Angelegenheit noch einen Hut aufzusetzten fanden Forscher heraus, dass Knoblauch nicht nur Selen sondern auch Ajoen enthält, welches anscheinend direkt in die Zellteiung eingreift und die Blutgerinnung verhindert.

Doch die gesundheitlichen Geschenke reichen noch viel weiter: Knoblauch stärkt die Abwehrkräfte, tötet Keime, desinfiziert, löst Krämpfe und verbessert die Durchblutung der Herzkranzgefäße. Er senkt den Cholesterinwert und tötet schlechte Bakterien im Darm.

Rezepte aus Großmutters Arzeneischrank:

Knoblauch hilft gegen Warzen, Hühneraugen und Fußpilz: Aus den Zehen wird einfach ein Brei hergestellt, und auf die erkrankten Stellen aufgetragen.

Knoblauch hilft gegen Bronchitis: Ein Esslöffel Honig, ein Esslöffel Zitronensaft und eine gepresste Zehe Knoblauch werden vermischt und der Saft mehrmals am Tag eingenommen.

Knoblauch hilft bei Hexenschuss: Zunächst sollte der Patient viel Knoblauch essen. Aus Olivenöl und Knoblauch wird zusätzlich ein Brei hergestellt, auf die schmerzenden Stellen geschmiert, mit einem Wolltuch umwickelt und über Nacht einwirken gelassen.

Und schon im Talmud steht: "Knoblauch macht das Gesicht strahlend!"

(Quelle: Ingeborg Münzing-Ruef, Kursbuch gesunde Ernährung, Zabert Sandmann Verlag, 1. Auflage 1995, Seite 75,110 f.)

Also wir sehen, wer auf Knoblauch verzichtet, aus welchen Gründen auch immer, schadet sich selbst. Und eines noch: Knoblauch wirkt nur wenn er auch stinkt, also Knoblauchkapseln aus der Apotheke können getrost in den Müll geschmissen werden, nur der frische hilft.[12]

Erdbeeren

Es gibt zum Glück noch einfache Arbeiten, die nicht von Maschinen übernommen werden können. Eine davon ist die Erdbeerernte. Das dachte ich mir, als ich kürzlich die vielen Erntehelfer im Erdbeerfeld sah und lehnte mich zufrieden zurück. Manchmal ist es schon beängstigend, wie Maschinen immer mehr Arbeiten für den Menschen übernehmen.

Gott sei Dank ist die denkende Maschine noch nicht erfunden, doch wir arbeiten fleißig daran. Zugegeben - alles wird durch die Maschine immer perfekter, aber eine denkende Maschine?

Computer, die mit biologischen Neuronen funktionieren?

Wie weit sind wir von der Matrix noch entfernt?

Entspannend ist es da zu sehen, wie Menschen Erdbeeren ernten. Sie verdienen mit anstrengender Arbeit ihren Lebensunterhalt, erfüllen keine besonderen schulischen Voraussetzungen und wissen: Diese Arbeit erledigt eben doch noch keine Maschine.

12 Ingeborg Münzing-Ruef, Kursbuch gesunde Ernährung, Zabert Sandmann Verlag

Die Erdbeere - eine interessante Frucht:
Im Mittelalter galt die Erdbeere unter Alchemisten als Schutzbeere gegen Gifte aller Art. Zwischenzeitlich wurden bereits über 300 Substanzen in der Erdbeere gefunden. Von Säuren und ätherischen Ölen über Pektin, Flavone, Gerbstoffe, Kalium, Kalzium, Phosphor bis hin zu Eisen Biostoffen und jeder Menge Vitamin C ist alles in diesem roten Gesundheitsspender vertreten. Dabei haben sie nur extrem wenig Kalorien. Auf 100 g zählen sie gerade mal 37 kcal, das macht sie zu richtigen Schlankheitsfrüchten.

Die Erdbeere als Medizin

ist vielseitig einsetzbar. Sie sind appetitanregend, verdauungsfördernd und fiebersenkend, reinigen Schleimhäute, stoppen Durchfall wirken wundheilend, harntreibend und stoffwechselanregend. Erdbeeren gehören einfach zum Großputz des Körpers. Deswegen kann jeder, der Erdbeeren verträgt einfach mal einen Erdbeertag einlegen, wenn er seinem Körper Gutes tun möchte.
Aber Achtung: Schon 5 Stunden nach der Ernte lassen Aroma und Vitamingehalt deutlich nach, also am Besten ernten und gleich essen[13].

Erdbeeren einmal anders zubereiten

Kürzlich empfahl mir eine ältere Dame am Erdbeerstand, die rote Frucht doch mal mit Pfeffer zu würzen. Heute versuchte ich folgendes Rezept:
Die Erdbeeren waschen, von grünen Blättern und Stielansätzen befreien und halbieren, ganz große Gesellen werden geviertelt. Anschließend mit Zucker und reichlich buntem Pfeffer aus der Mühle würzen. Dann noch einige frische Kräuter hinzugeben, wie zum Beispiel Pfefferminze oder Zitronenmelisse.
Die Kombination zwischen dem fruchtigen Geschmack der Beere, der Süße des Zuckers, der Schärfe des Pfeffers und der Frische der Kräuter sollte jeder Liebhaber von ausgefallenen Geschmäckern unbedingt versuchen.

---

13 Ingeborg Münzing-Ruef, Kursbuch gesunde Ernährung, Zabert Sandmann Verlag

Vegetarische Häppchen auf dem Grill

Immer mehr Menschen werden aus welchen Gründen auch immer Vegetarier. Lädt der überzeugte Fleischesser zum abendlichen Grill ein und zwischen den Gästen befinden sich Vegetarier, so kann das den Gastgeber schnell in die Verzweiflung treiben. Was kann man nur machen? fragt er in der Regel und rauft sich verzweifelt die Haare. Mir ist es jedenfalls kürzlich so ergangen, als meine Frau mich auf die Idee brachte, doch "Vegetarische Häppchen" zu grillen.
Darunter verstehen wir zwischenzeitlich folgendes:

Zutaten (für ein Häppchen):

- 1/2 kleine Zucchini
- 1/2 kleine Tomate, gehäutet und gewürfelt
- 1 Esslöffel weichen Ziegenkäse
- 1 Zweigchen Rosmarin
- gehackte Kräuter (frisch, gefroren oder auch Kräuter der Provence)
- Olivenöl
- Salz
- Pfeffer

Zubereitung

Ein mittelgroßes Stück Alufolie wird auf der Arbeitsfläche ausgerollt. Die Zucchini waschen in ca. 1 cm dicke Scheiben schneiden. Anschließend mit Olivenöl einpinseln und auf der Alufolie in eine Reihe fächern. Anschließend die Tomatenwürfel aufschichten und darüber den Ziegenkäse ausbreiten. Zum Abschluss den Zweig Rosmarin beifügen, das Ganze gut salzen, pfeffern und mit den Kräutern bestreuen. Jetzt wird das Alupaket geschlossen und kommt 5-10 Minuten auf den Grill, je nachdem, ob die Zucchini weich oder bissfest sein soll.
Über das Häppchen werden mit Sicherheit nicht nur Vegetarier erfreut sein.

Varianten

Der Ziegenkäse kann natürlich auch durch Blauschimmelkäse ersetzt werden. Einen Kick bekommt das Päckchen, wenn eine grob gestückelte Walnuss noch oben aufgelegt und mit gegrillt wird.

Achtung

Mozzarella oder andere Käsesorten funktionieren nicht, da sie durch die große Hitze Fäden ziehen und auf der Alufolie festkleben.

Viel Spaß also beim nächsten Grillabend.

Rührei richtig zubereiten

"Rührei zubereiten, nichts einfacher als das!" ist ein gängiges Klischee der meisten Menschen. Doch existieren gravierende Unterschiede zwischen Rührei und Rührei. Es ist in der Tat einfach, ein paar Eier in die Pfanne zu klopfen, Milch dazugeben, salzen, Pfeffern, unter rühren kurz durchbraten und fertig ist das Ei. Doch das hat nichts damit zu tun, ein Rührei richtig zuzubereiten.

Zubereitung:

Der wichtigste Trick ist: niedrige Temperatur! Profiköche gehen sogar soweit, dass sie die Pfanne in einem Wasserbad erhitzen um dem Rührei richtige Konsistenz zu verleihen. Ich denke jedoch, dass ein niedrig eingestellter Herd vollkommen ausreicht. Zuvor werden die Eier in einer Schüssel mit etwas Salz, Pfeffer und einem Schuss Sahne kräftig verquirlt. Anschließend reichlich Butter (bis zu 20 g pro Ei) in einer schweren Pfanne bei mäßiger Hitze geschmolzen werden. Die verquirlten Eier hinzugeben und langsam stocken lassen. Mit dem Holzspatel wird nun das Gestockte vom Pfannenboden langsam unter das Flüssige gehoben. Auf diese Weise sollte das Ei mindestens 8-10 Minuten vorsichtig vermengt und gewendet werden, bis es locker luftig zum Essen einlädt.

Abwandlungen:

Um das Aroma zu vervollständigen, kann man noch frische Kräuter mit in die Eimasse rühren, so kann der Koch seinem Werk ganz unterschiedliche Richtungen verleihen.

Auch Zutaten wie Lachs, Kaviar, Sardellen, schwarze Oliven, Schinken oder Spargel geben der Speise ganz unterschiedliche Nuancen. Allerdings, es sollten auch Nuancen bleiben, wir wollen schließlich Rührei zubereiten. Deswegen mit solchen Zutaten einfach vorsichtig umgehen. Während Kräuter der rohen Eimasse beigegeben werden, werden schwere Zutaten direkt in der Pfanne mit den Eiern vermengt, etwa nach der Hälfte der Garzeit.

Tricks

Sollte die Temperatur versehentlich zu hoch eingestellt worden sein und das Ei trocken erscheinen, so kann mit ein paar schnell zugegebenen Butterflocken noch viel gerettet werden.

Tomatensalat einmal anders

Wer an Tomatensalat denkt, denkt meist an einen klassischen deutschen Tomatensalat, angemacht mit Essig, Öl, Salz, Pfeffer und ein paar Zwiebelringen. Vielleicht sind noch verschiedene Kräuter dazwischen, aber im Wesentlichen ist solches das typisch deutsche Verständnis von Tomatensalat.

Ein solcher Salat schmeckt lecker und ist gesund.

Doch kürzlich dachte ich mir: "Irgendetwas kreatives, ausgefallenes sollte den Salat noch zieren!" Und da kam mir eine Idee, die ich hier vorstelle.

Zubereitung

Einige Walnüsse knacken und vorsichtig anrösten, durch das Rösten verstärken sie ihr herrliches Aroma.

Die Tomaten in Schnitze schneiden und mit Olivenöl, Zitronensaft, Salz und Pfeffer abschmecken. Kräuter und feine Zwiebelringe dazugeben, durchmischen und auf einem mit Salatblättern dekorierten Teller anrichten.
Jetzt die Walnüsse und einige Flocken Blauschimmelkäse, wie Roquefort oder Bergader verteilen, schon hat der Salat Raffinesse und "das Auge kann ebenfalls mitessen". Doch nicht nur das Auge freut sich, auch der Geschmack ist einzigartig. Das nussige Aroma und die Würze des Blauschimmelkäses, zusammen mit dem kräftigen Odeur der Tomaten ist ein herrlicher Gaumenkitzel. Probiert es einfach mal aus.

Zwiebeln fein schneiden – wie geht das?

Zwiebel, in hauchdünne Ringe geschnitten, sind eine echte Delikatesse. Natürlich nicht einfach so, roh hinuntergeschlungen, sondern verteilt auf Lachshäppchen, Schinkenbroten, Käsebrötchen und so weiter. Die Liste der Speisen, die durch fein geschnittene Zwiebelringe erheblich verbessert werden, ist lang. Eine richtig dünn geschnittene Zwiebel ist das "Tüpfelchen auf dem i".
Doch das ist gar nicht so einfach. Versucht man es mit dem Messer, vorausgesetzt es ist wirklich geschärft, so ist Geduld gefragt. Meist rollt die vermaledeite Zwiebel nämlich hin und her, ist nicht so richtig zu fassen und entzieht sich dem scharfen Schneidinstrument mit einer Unverfrorenheit, die ihresgleichen sucht.
Der genervte Koch ist dann meist zum Kompromiss gezwungen. Entweder er schneidet dicke Ringe oder halbe Ringe, denn bei halben Ringen kann sich die Zwiebel nicht drehen.
Mit einem einfachen Trick hingegen ist leicht Abhilfe zu schaffen. Legt der Küchenmensch das Messer zur Seite und benutzt stattdessen einen verstellbaren Gurkenhobel, so hat selbst die widerspenstigste Zwiebel nicht die geringste Chance, sich gegen einen Feinschnitt zu wehren. Und dazu geht es noch ratz-fatz. Einfach die gewünschte Scheibenstärke einstellen, die geschälte Zwiebel "Zack Zack Zack" über

der Schneide hin und hergezogen und schon liegen wunderbar fein geschnittene ganze Zwiebelringe unter dem Hobel.

Auberginen grillen, Zucchini grillen – einfach und lecker

Eine weitere Möglichkeit, Vegetariern unter den Gästen eines Barbecues Gefallen zu erweisen, sind Auberginen. Sie eignen sich hervorragend zum Grillen, sind einfach vorzubereiten und gelingen immer.

Die Aubergine waschen, den Stielansatz entfernen und in ca. 1-1.5 cm dicke Scheiben schneiden. Anschließend kräftig salzen, auf einem Teller auffächern und ca. 2 Stunden ruhen lassen. Das Salz entzieht der Frucht Wasser und gart sie vor.

Nach der Einsalzzeit die Scheiben mittels eines Küchentuches trocken tupfen. Auberginenschnitzel mit nativem Olivenöl kräftig einpinseln und würzen. Ich bevorzuge lediglich bunten Pfeffer aus der Mühle, aber jedem Geschmack bleibt es natürlich überlassen, seine eigene Richtung zu wählen. Jetzt sind die Kameraden auch schon fertig, auf den heißen Rost gelegt zu werden um sie schön goldbraun zu grillen. Das Rezept ist einfach und gelingt immer. Die Schnitzel sollten allerdings gut beobachtet und nicht zu lange auf einer Seite belassen werden, da sie schnell anbrennen. Aber selbst leicht angebrannt schmecken sie immer noch vorzüglich.

Wer dieser Spezialität einen besonderen Kick verleihen möchte, kann die gegrillte Eierfrucht im Vorfeld kräftig mit Chili aus der Mühle würzen und heiß mit etwas Honig genießen. Probiert es aus, Ihr werdet Euch freuen. Dasselbe kann übrigens auch mit Zucchini gemacht werden, sie brauchen allerdings etwas länger auf dem Grill.

Dips – Rezepte zum Grillen

Was wäre der schönste Grillabend, ohne leckere Dips und Sößchen. In der Regel nimmt der Gastgeber verschiedene Flaschen und Tuben von Knorr, Maggi, oder Kühne. Im Rahmen der Familie mag das auch genügen, doch kommen Gäste, so ist es meist nett anzusehen, wenn der ein oder andere selbst hergestellte Dip unter den käuflich erworbenen weilt.

Da ein Grillabend mit seinen Vorbereitungen einigen Zeitaufwand erfordert, ist wenig Raum um Sößchen selbst zuzubereiten. Deswegen hier eine Idee, wie ein leckerer Dip mit wenig Aufwand hergestellt werden kann.

Als Basis dient ein Päckchen Frischkäse. Sein Inhalt wird einfach in ein Schälchen gefüllt und mit 2-3 Esslöffeln Milch verdünnt. Anschließend kommt eine kleine, fein gewiegte Zwiebel hinzu, Salz, Pfeffer, Paprika und je nach Geschmack beliebige andere Gewürze. Ich persönlich bevorzuge die schlichte Variante. Jetzt wird alles mit der Gabel kräftig umgerührt und fertig ist der Dip.

Er passt hervorragend zu jedem Fleisch, eignet sich allerdings auch exzellent um gegrilltem Gemüse Gehalt zu verleihen und auch als Brotaufstrich, delikat zu Vollkornbrot oder frischem Baguette.

Tomaten auf dem Grill

Tomaten gehören auf den Grill. Sei es als saftige Beilage zu Fleisch oder Ergänzung der vegetarischen Grillköstlichkeiten. Sie sind saftig, aromatisch, betören das Auge und dazu noch über die Maßen gesund. Nur in erhitztem Zustand ist unsere rote "Zora" gern ein wenig schlapp!

Warum also nicht die Tomate mit Gorgonzola füllen, bevor sie auf den Grill kommt? Er verleiht Kraft und Würze, ohne die anderen Vorzüge zu nehmen. Die Idee kam mir, als ich den "Tomatensalat einmal anders" machte.

Mit einem beherzten Schnitt die Tomate am Stielansatz öffnen und mit Messer und Löffel alle Innereien vorsichtig entfernen. Frischen Knoblauch pressen und 10 Minuten ziehen lassen. Anschließend die Tomate von innen mit Salz, Pfeffer, Kräutern und etwas Knoblauch würzen. Den Paradieser mit zerbröseltem Gorgonzola prall füllen und in Alufolie wickeln. Das Päckchen kann nun für ca. 5 Minuten auf den Grill, dann ist die Tomate weich und der Käse geschmolzen. Der richtige Gargrad kann auch erfühlt werden, indem man mit der Grillzange vorsichtig auf die Alufolie drückt. Gibt sie nach, ist die Tomate fertig.

Nun kann sie verzehrt werden, einfach so. Der Genießer jedoch nimmt sich ein Scheibchen frischen Baguettes und tunkt es in den geschmolzenen Käse. Dieser hat zwischenzeitlich nämlich das Aroma der Tomate, der Gewürze und des Knoblauchs angenommen - delikat!

Ist der Käse weitgehend geleert, so hat umgekehrt auch die Tomate den Gout des Gorgonzolas angenommen und bietet dem Kenner ebenfalls ein fulminantes Geschmackserlebnis, sei es in Kombination mit Baguette oder zusammen mit einem Stück Fleisch.

Dieses Rezept kann vorbereitet werden und erntet im Allgemeinen ein aufrichtiges "Aaaah!" von den Gästen, nachdem sie die Überraschung neugierig enthüllt haben, vorausgesetzt der Gastgeber hat nicht verraten, was wirklich in der Alufolie steckt.

Paniertes Schnitzel – saftig und knusprig braten

Fleisch in Mehl wenden

Die kleinen Tricks beim Zubereiten eines panierten Schnitzels:

Da hat man vom letzten Restaurantbesuch noch das leckere Schnitzel in Erinnerung und möchte es bei Gelegenheit nachkochen. Wenn die Gelegenheit kommt und der Hobbykoch das Fleisch ganz selbstverständlich in Mehl, Ei und Semmelbrösel wendet, es hernach mit etwas Öl anbrät und verzehrt, so stellt mancher vielleicht fest, dass sein Werk zwar mundet, das "Tüpfelchen auf dem i" allerdings fehlt.

Jetzt geht das Ausprobieren los, die spannende Suche nach dem Geheimnis des raffinierten Küchenmeisters aus besagtem Restaurant. Hier stelle ich eine Zubereitung vor, wie mir Schnitzel am besten schmeckt, als Anregung zum Experiment.

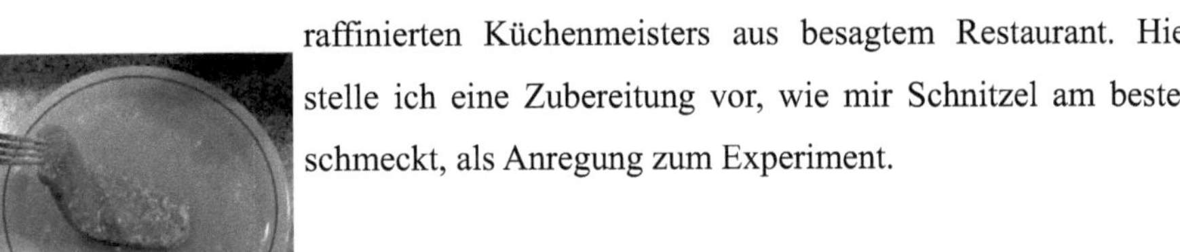
in Ei wenden

Die Panade

Auf einem Teller werden 120 g Mehl mit einem Teelöffel Salz, etwas Pfeffer und Gewürzen nach Geschmack gut verrührt. Auf einem weiteren Teller wird ein Ei, eine kräftigen Prise Salz und ein Teelöffel Öl mit einer Gabel kräftig zu einer homogenen Flüssigkeit verquirlt und auf einem dritten Teller werden Paniermehl oder zerkrümelte Cracker angerichtet.

Das Fleisch vorbereiten

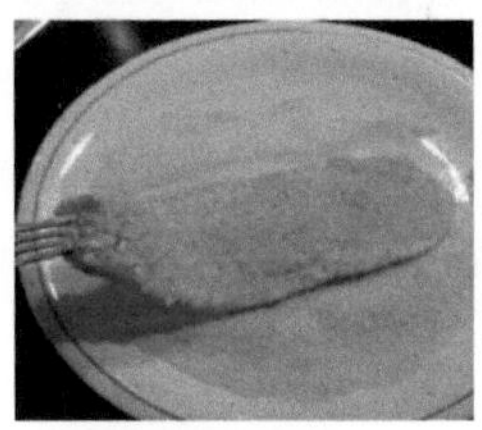

in Panade wenden

Um das Schnitzel zart zu bekommen, muss es vorher geklopft werden. Wer keinen Fleischklopfer hat, kann auch mit einer Flasche zu Werke gehen. Durch das Klopfen werden die Fasern des Fleisches gelockert und geschmeidig gemacht, eine unbedingte Voraussetzung zum Gelingen. Nun noch mit Salz und Pfeffer würzen.

Das Fleisch panieren

Die so vorbereiteten Schnitzel werden zunächst im Mehl, dann im Ei und anschließend in den Semmelbröseln gewendet, bis sie von allen Seiten mit allen Zutaten gut ummantelt sind. Die Fleischstücke nebeneinander auf einen Teller legen und für ca. 1/2 Stunde im Kühlschrank trocknen lassen. Danach umdrehen und die andere Seite ebenfalls für ca. 1/2 Stunde trocknen lassen. So getrocknet wird die Panade beim Braten noch wesentlich knuspriger.

Das Fleisch braten

Wer sein Schnitzel gerne goldbraun möchte, sollte kein Öl nehmen. Paniertes Schnitzel wird in reichlich Butter, besser Nussbutter gebraten. Ich persönlich mische gerne Butter mit Gänsefett, das gibt nochmal einen besonderen Geschmack. Dabei bitte nicht mit Butter sparen, es muss mindestens so viel Fett in die Pfanne, dass es unter dem Schnitzel frei zirkulieren kann. Und noch etwas: Keine Angst vor dem Fett,

Butter ist zwar ziemlich verpönt, aber zu Unrecht. Ich werde in meinem nächsten Post näher darauf eingehen. Und Gänseschmalz ist sowieso gesund, ich schrieb bereits in meinem Post Gänsefett darüber.

Da Butter schnell bräunt, sollte die Pfanne nicht zu stark erhitzt werden. Das Fleisch wird nun langsam und vorsichtig bei mittlerer Hitze goldbraun gebraten. Achtung: Von Zeit zu Zeit unter das Schnitzel schauen, ob es schon schön braun ist und dann nur **einmal** wenden. Nicht öfter, es wird sonst trocken. Auch darf das Fleisch nicht zu lange gebraten werden, es wird sonst zäh und trocken. Keine Sorge - sobald die Farbe von beiden Seiten ansehnlich ist, ist das Fleisch auch durch. Nun die Schnitzel noch kurz auf einem Küchenkrepp gewendet um das überschüssige Fett abzunehmen und sofort servieren.

Butter – gesund oder ungesund?

Viele Menschen sind der Meinung, Butter sei ungesund. Sie haben Angst davor sie zu verzehren, befürchten das Schlimmste, wenn sie das goldene Fett essen und meiden sie wie die Pest.

Doch zu Unrecht!

Das gängige Klischee in unserer heutigen Zeit ist: Tierische Fette sind ungesund, pflanzliche gesund. In der Regel stimmt das auch, nur die Butter bildet eine Ausnahme.

Im Gegensatz zu Margarine ist Butter ein natürliches Produkt. Sicher, sie wird nicht angereichert mit allen möglichen "gesunden Zutaten", auch nicht chemisch aufgearbeitet oder poliert und glänzt nicht im Rampenlicht der Ernährungswerbung, doch Butter hat es in sich.

Ihr Milchfett wird weder zu den pflanzlichen noch den tierischen Fetten gerechnet, sie ist einzigartig unter den Lipiden und enthält ca. 400 verschiedene Fettsäuren, darunter reichlich einfach wie mehrfach ungesättigte. Zusätzlich ist sie üppig gesegnet mit den fettlöslichen Vitaminen A, D, E und obendrein noch leicht verdaulich. Selbst

Magen-, Darm-, Leber und Gallenkranke kommen damit gut zurecht. Das macht Butter beispiellos wertvoll und keinesfalls sollte derjenige darauf verzichten, dem seine Gesundheit am Herzen liegt.

Auf einem anderen Blatt steht die Menge des konsumierten Fettes. Heutzutage besteht unsere Nahrung vielerorts zu fast 40% aus Fett. Das ist ungesund. Wer seinen Fettkonsum auf 20 bis 25% reduziert darf gerne täglich eine angemessene Portion Butter genießen[14]. Und Butter bietet alle Voraussetzungen zum genießen, denn was schmeckt besser als ein frisch gebackenes Brot, nur mit Butter bestrichen und einer Prise Salz gewürzt? Ganz zu schweigen von dem delikaten Aroma mit Butter veredelten Gemüses oder all jene leckeren Soßen, die vollendet durch einige Butterflocken liebevoll unseren Gaumen schmeicheln und für die Süßen: Butter im Kuchen ist eine Delikatesse, Margarine hingegen...?

Ganz nebenbei unterstützt der buttrige Genießer auch noch die Landwirtschaft und wer noch darauf achtet, Butter mit einem "Fairen-Preis-Siegel" zu kaufen, hat nicht nur sich sondern auch noch der Menschheit einen Gefallen getan.

Also: Keine Angst vor dem Gold der Kühe, greift einfach zu und genießt!

Fleisch salzen - vor oder nach dem Braten?

Wie ist das nun richtig mit dem Salz auf dem Steak? Vor dem Braten oder erst danach? Heute habe ich den Versuch dazu gemacht.

Bisher hielt ich es folgendermaßen; Rindersteaks nach dem Braten salzen, Schweinesteaks davor. So steht es zumindest in fast allen Rezepten geschrieben. Doch jedes mal wenn ich Fleisch briet fragte ich mich, warum Rind nachher und Schwein vorher?

Einerseits entzieht Salz dem Fleisch Wasser und es wird trocken. Andererseits hingegen schmeckt das Fleisch würziger, salzt man es vor dem Braten, so dachte ich bisher.

Was ist also zu tun, um diesem Dilemma zu entfliehen?

---

14 Ingeborg Münzing-Ruef, Kursbuch gesunde Ernährung, Zabert Sendmann Verlag

Salzen und sofort in die Pfanne, damit dem Salz keine Zeit gegeben wird, auf den Wasserhaushalt des Steaks einzuwirken? Dann kann man doch gleich nach dem Braten würzen!

Der Test

Heute fand ich im Kühlschrank noch sechs Minutenschnitzel vom Schwein, und wollte es endlich wissen: Wie schlimm ist das mit dem Salz davor wirklich?

Drei Steaks wurden kräftig gesalzen und gpfeffert, drei nur gepfeffert. Alle sechs ließ ich 1/2 Stunde ziehen und dann ging es ab in die Pfanne, ins heiße Gänsefett. Das Ergebnis verblüffte mich.

Wie zu erwarten, waren die gesalzenen Steaks wesentlich trockener. Was sich jedoch gänzlich wider aller Erwartung verhielt, waren Aroma und Würze.

Ich briet jeweils ein Gesalzenes und ein Ungesalzenes in einer Pfanne. Dieselbe Temperatur, dieselben Zeiten. Die Ungesalzenen salzte ich vor dem Verzehr, sparsam und nur von einer Seite. Dann aß ich.

Überrascht stellte ich fest, dass die nach dem Braten gesalzenen Steaks wesentlich würziger schmeckten, obwohl ich weniger Salz verwendete. Das Fleischaroma war deutlich intensiver und das erstaunlichste - der Pfeffer kam wesentlich kräftiger zum Ausdruck.

Wahrscheinlich hat das Salz dem Fleisch mit dem Wasser auch Aroma entzogen und einen Teil des Pfeffers abgespült.

Fazit: Egal ob Rindersteaks oder Schweinesteaks - immer erst nach dem Braten salzen. Man braucht weniger Salz, das Fleisch ist saftiger, aromatischer und die Gewürze schmecken intensiver.

Eine zweite Salz - Theorie

Es existiert noch eine weitere Theorie bezüglich des Salzens von Fleisch. Der zufolge soll zähes Fleisch vor dem Braten extrem kräftig eingesalzen und hernach 12-14 Stunden ziehen gelassen werden, im Kühlschrank in einer Schüssel.

Angeblich entzieht das Salz zunächst dem Fleisch alles Wasser. Die Struktur des Fleisches verändert sich während des Prozesses, sodass die Flüssigkeit wieder aufgenommen wird und mit ihr natürlich auch das Salz, welches nun bis tief ins Innere des Bratens eindringt. Angeblich wird der Braten so über die Maßen zart, saftig und würzig.

Das werde ich in absehbarer Zeit überprüfen, die Ergebnisse veröffentliche ich natürlich auf "Abenteuer Kochen".

gesunde Fette, ungesunde Fette - eine einfach verständliche Erklärung

tierische Fette, pflanzliche Fette, gesättigte Fettsäuren, ungesättigte Fettsäuren, Omega 3, Omega 6 .... Das ist verwirrend und wer eine Erklärung sucht, stößt meist auf ausufernde, schwer verständliche chemische Formelanhäufungen oder nur kurze unvollständige Texte. Öle wie Fette sind wichtige Faktoren, die auf unsere Gesundheit einwirken und mit denen wir täglich in der Küche umgehen. Deswegen gehört eine verständliche Übersicht zu diesem Thema in einen guten Kochblog.

Wie wichtig, fand man an den Eskimos heraus. Dort beobachteten Forscher nämlich vor vielen Jahren, dass diesem Volk Herz- und Kreislauferkrankungen gänzlich fremd waren. Über lange Zeit hinweg war das ein ungelöstes Rätsel, bis entdeckt wurde, dass es am Fisch, bzw. dessen Fett lag.

Vorab: Fette sind wichtig und wer auf Fett verzichtet wird über kurz oder lang dieser Geisteshaltung erliegen.

Grundsätzliches

Die gängige Meinung ist: pflanzliche Fette sind gesund, tierische ungesund. Doch so einfach ist es nicht. Über gesunde tierische Fette schrieb ich bereits in meinen Posts "Butter - gesund oder ungesund", "Gänsefett" und "Gänsefett in Omas Arzneischrank".

Leckereien jedoch, wie die Kruste des Krustenbratens, der Bauchspeck auf dem Grill, das Fett am Rinderbraten, Wurst, Salami und Kollegen, sind tatsächlich äußerst ungesund.

Pflanzliche Fette hingegen sind nicht *nur* gesund, sie können genauso zerstörerisch auf den Körper wirken, wie all jene Leckereien.

gesättigte Fette

Darunter versteht man im Allgemeinen alle Fette vom toten Tier. Sie erhöhen den Cholesterinspiegel, lagern sich in Zellwänden ein und verhärten sie. Dadurch werden die Zellen spröde. Die Innenseiten der Adern bekommen feine Haarrisse, an denen sich Cholesterin anlagert, was zur gefürchteten Arteriosklerose und somit zum Herzinfarkt führt.

Gesättigte Fette sind definitiv ungesund und bei Zimmertemperatur fest.

ungesättigte Fette

Die ungesättigten Fette teilen sich auf in einfach ungesättigte und mehrfach ungesättigte und sind bei Zimmertemperatur flüssig.

einfach ungesättigte Fette

werden vom Körper selber erzeugt.Sie helfen das gute Cholesterin aufzubauen und senken das schlechte. Somit wirken sie vorbeugend gegen Herz- und Kreislauferkrankungen.

Diese Fette kommen vor in Oliven, Nüssen, fettem Obst und Samen.
Anders bei den mehrfach ungesättigten Fettsäuren.

mehrfach ungesättigte Fette

kann der Körper nicht selber herstellen, sie müssen durch Nahrung aufgenommen werden. Deswegen heißen sie "essentielle" Fettsäuren. Diese essentiellen Fettsäuren werden im Wesentlichen nochmals unterschieden in "Omega 3" und "Omega 6" Fettsäuren.
Hier hat die Werbung für massive Verwirrung unter den Menschen gesorgt.

"Omega 6" Fette

"Omega 6" Fettsäuren sind grundsätzlich gesund und wirken positiv auf fast alle Körperfunktionen. Sie kommen in vielen Lebensmitteln vor, wie in diversen Ölen, Samen, Nüssen, vielen Getreidesorten und sind leicht herzustellen. Das haben sich Erzeuger von Speiseölen reiflich zunutze gemacht.
Über Fernsehen, Radio und Zeitung wird propagiert, wie gesund alle möglichen Speiseöle seien, aufgrund ungesättigter Fettsäuren.
Tatsächlich werden die Produkte jedoch vorwiegend mit den leicht herzustellenden "Omega 6" Fettsäuren angereichert. Allem voran Pflanzenmargarine, mit einem Anteil von über 50% "Omega 6".
Von der Werbung beeinflusst verspeisen wir nun zuhauf solche Öle, im trügerischen Rückschluss, unserem Körper Gutes zu tun. Doch mitnichten. Neben all den positiven Wirkungen bergen "Omega 6" Fettsäuren auch erhebliche Risiken, nämlich:

- sie fördern Blutgerinsel
- sie verengen die Blutgefäße
- sie begünstigen Zellwucherungen
- sie fördern Entzündungen

- erhöhen schlechtes Cholesterin

Doch all der negativen Wirkungen zum Trotz sollte keinesfalls darauf verzichtet werden, denn "Omega 6" ist für die meisten Prozesse im Körper extrem wichtig.
Um den negativen Aspekten entgegenzuwirken, gibt es "Omega 3" Fettsäuren

Omega 3 Fette

diese Kameraden sind selten und nur schwer zu beschaffen. Sie sind das lipide Gold und kommen vor in fettem Fisch, wie Makrele, Hering, Lachs oder Tunfisch, vorausgesetzt es sind keine Zuchtfische. Fische produzieren "Omega 3" nämlich ebenfalls nicht selbst sondern nehmen sie durch spezielle Nahrung auf, die sie nur in freier Wildbahn erhalten.
Weiterhin kommen "Omega 3" Fette vor in Weizenkeimen, Soja, Walnuss, Leinsamen und Raps.
Und ihre Wirkungen sind erstaunlich.

- sie helfen gegen Blutverklumpungen
- erweitern die Gefäße
- hemmen Zellwucherungen
- hemmen Entzündungen
- verringern schlechtes Cholesterin

Damit ist das Geheimnis der Eskimos geklärt, denn sie ernährten sich hauptsächlich von fettem Fisch mit hohem Anteil an "Omega 3" Fettsäuren.

Auf das Verhältnis kommt es an

Das Übel ist unsere zu getreidelastige Ernährung und die übertriebene Anreicherung vieler Nahrungsmittel mit "Omega 6". Stimmt das Verhältnis zwischen "Omega 3" und "Omega 6" nämlich nicht, so verdrängen die negativen Wirkungen der "Omega 6" Fettsäuren die positiven der "Omega 3" Fettsäuren und diverse Krankheiten werden begünstigt. Das können sein: Herz-Kreislauferkrankungen, Rheuma und Allergien, um nur einige zu nennen.
Ein optimales Verhältnis zwischen "Omega 6" und "Omega 3" Fettsäuren ist 2:1.

<u>Öle mit schlechtem Verhältnis sind</u>

- Distelöl
- Sonnenblumenöl
- Margarine
- Sesamöl
- Maiskeimöl
- Erdnussöl
- und man höre und staune, das Olivenöl

<u>Öle mit gutem Verhältnis sind</u>

- Weizenkeimöl
- Sojaöl
- Walnussöl
- speziell abgestimmte Herz- und Kreislauföle
- und allen voran das Rapsöl, mit einem Verhältnis von 2:1

Fazit

Wer sich mit dem Thema auseinandersetzt, kommt schnell auf den Gedanken, schlechtes Fett akribisch auszusortieren und auf alles Mögliche zu verzichten.

Doch eines sollten wir nicht vergessen.
Gedanken, Gefühle und Stimmungen wirken ebenfalls auf unseren Gesundheitszustand. Setzten wir uns in einem "Gesundheitswahn" zu sehr unter Druck und verzichten auf all jene freudigen "Ereignisse", wie leckeren Krustenbraten, gegrillten Bauchspeck oder duftenden Käse, so wirkt das "weggenommene Vergnügen" mindestens ebenso schädlich, wie alle schlechten Fette.
Ich denke der vernünftige Mittelweg ist angebracht. Auf der einen Seite sollte unbedingt auf eine gesunde Auswahl an Fetten und Ölen geachtet werden, auf der anderen Seite aber darf's auch ab und zu Schweinebraten oder Leberkäswecken sein, nur eben nicht ausschließlich.

Wassermelone – ein Experiment

Kürzlich kam mir eine seltsame Idee. Es begab sich spät abends, ich kam gerade von einem schmackhaften Dinner mit Freunden nach Hause, im Mund noch einen intensiven Gout von Knoblauch, welchen der Koch dem Essen reichlich zugemessen hatte. Um den Geschmack etwas abzuschwächen naschte ich einige Scheibchen von meinem spanischen Schinken, doch der erwünschte Erfolg wollte sich nicht so richtig einstellen. Auf der Suche nach geschmacklicher Zerstreuung öffnete ich den Kühlschrank und linste hinein, als mein Blick auf auf eine dort ansässige Wassermelone fiel. Sofort verleibte ich mir etwas des saftigen Fruchtfleisches ein. So trafen sich die Geschmäcker Knoblauch, Schinken und Wassermelone vollkommen unvermittelt - und ich fand es delikat.
Die Begebenheit inspirierte mich zu folgendem Rezept:

Zutaten

- Einen Schnitz Melone, in kleine Würfel geschnitten
- eine Zehe Knoblauch, fein gewiegt

•zwei bis drei Scheiben abgehangenen geräucherten Schinken, in Streifen geschnitten

•bunter Pfeffer aus der Mühle

•frischer Schnittlauch

Zubereitung

Die Melone, den Knoblauch und den Schinken vorsichtig vermengen, mit dem Pfeffer kräftig würzen und mit Schnittlauch dekorieren.

Geschmack

Ich würde sagen gewöhnungsbedürftig aber nicht schlecht. Es ist auf jeden Fall einen Versuch Wert. Wichtig ist, es muss sofort gegessen werden, damit das Salz des Schinkens die Melone nicht matschig werden lässt.

Reis kochen - der Trick wie er immer gelingt

Reis kochen ist nicht gleich Reis kochen. Es gibt zahlreiche Möglichkeiten und jeder hat seine Vorlieben. Ich persönlich habe ihn gerne bissfest, würzig, und locker körnig. Auf keinen Fall mag ich ihn klebrig oder klumpig.

Kochverhalten von Reis

Wer Reis zubereitet muss wissen, dass er beim Kochen mindestens das Doppelte seines Volumens an Flüssigkeit aufnimmt. Das kann wunderbar genutzt werden, um dem "weißen Getreide" bis in den Kern Würze zu verleihen und es locker, körnig und bissfest reifen zu lassen, auch ohne "Onkel Ben".

Wenn man also Reis genau in der Menge Flüssigkeit garen lässt, die er aufnimmt, treten zwei Effekte auf:

1.Alle Flüssigkeit steckt im Reis, so wird er trocken und keine Feuchtigkeit bleibt, um ihn klebrig oder klumpig werden zu lassen

2.Der Geschmack der Flüssigkeit wird vom Reis zu 100% aufgenommen

Der Trick

Das bedeutet: Reis sollte genau mit der doppelten Menge Flüssigkeit gekocht werden, wie sein Eigenvolumen. Beispiel: Eine Tasse Reis wird mit zwei Tassen Flüssigkeit gekocht.

Und!

Wenn der Reis nur mit Salzwasser gekocht wird, schmeckt er wenig. Das ist in der Regel gewünscht, wenn er vornehmlich dazu dient, den Geschmack der Soße aufzunehmen und zu verstärken.

Wer jedoch aus Reis eine aromatische Beilage zu Fleisch, Fisch oder Gemüse zaubern möchte, sollte ihn nicht nur in Wasser kochen sondern in Fleischbrühe, Gemüsebrühe oder Fond. Je nach Geschmack können noch verschiedene Gewürze oder sehr fein geschnittenes Gemüse zugegeben werden. Beim Abschmecken der Garflüssigkeit sollte unbedingt darauf geachtet werden, dass sie sehr salzig ist, da der Reis sonst fade schmeckt.

Ofen ausstellen, wenn Reis sichtbar

Eine weitere Schwierigkeit ist: Wenn wir den Reis genau mit der Menge Wasser kochen, die er aufnehmen soll, wird gegen Ende des Garvorganges nicht mehr genug Feuchtigkeit im Topf sein, um ihn vor dem Anbrennen zu schützen. Um das zu vermeiden muss der Reis in einem Topf mit dickem Boden gekocht werden. Wenn die Flüssigkeit soweit eingezogen ist, dass die Oberfläche des Reises aus dem Sud auftaucht (siehe Bild), wird der Ofen ausgestellt. Mit der Resthitze von Topfboden und Kochplatte werden die Körner fertig gegart.

Voraussetzung ist natürlich, dass der Topf mit einem Deckel geschlossen wird, damit die Flüssigkeit nicht verdampft, sondern vom Reis aufgenommen wird.

Ein Beispiel, wie ich Reis gerne esse

Ich bevorzuge "Parboiled Langkorn Reis". Eine Tasse pro Person reicht, damit auch hungrige Zeitgenossen satt werden. Die Tasse voll Reis in ein Küchensieb schütten und kräftig mit Wasser spülen, gut abtropfen lassen.

Eine Zwiebel in feine Würfel schneiden und in einem Topf mit dickem Boden in etwas Öl glasig schwitzen. Den Reis zufügen und im heißen Öl kurz durchwenden. Anschließend mit doppelter Menge (zwei Tassen) Wasser, Fleischbrühe oder Fond auffüllen. Kräftig salzen, mit je einem gehäuften Teelöffel scharfem Paprikapulver und Currypulver würzen, umrühren und abschmecken. Der Sud sollte sehr salzig aber nicht versalzen sein.

Den Topf unter starker Hitze zügig zum Kochen bringen Sobald alles schön brodelt, Deckel auflegen und den Herd auf mittlere Hitze reduzieren.

Ab diesem Zeitpunkt darf nicht mehr gerührt werden.

Von Zeit zu Zeit in den Topf schauen, ob die Oberfläche des Reises durch den Sud quillt. Das dauert circa 5-10 Minuten, dann den Herd abstellen und auf der heißen Platte mit geschlossenem Deckel ziehen lassen, bis alle Flüssigkeit im Reis verschwunden ist.

Jetzt nochmal gut umrühren, mit etwas Schnittlauch, Petersilie oder Kräutern dekorieren und sofort servieren.

Rettichsalat - knackig aber mild zubereiten

Rettichsalat schmeckt lecker und fördert die Gesundheit, vorausgesetzt er ist knackig und brennt dem Genießer nicht die Schleimhäute aus Mund und Nase. Ebenso unerquicklich ist Rettichsalat, der matschig und klumpig im Salatschälchen lümmelt und sich wundert, warum ihn keiner isst.

Um den Radi in einen milden, knackigen Salat zu verwandeln, ist zunächst der Einkauf wichtig. Weißer Rettich eignet sich meines Erachtens eher und natürlich muss er fest sein. Lummelige und schlaffe Kameraden werden besser beiseite gelegt.

Ein großes Prachtexemplar erstanden, macht sich der fröhliche Koch frisch ans Werk. Ich persönlich bevorzuge die einfachste Zubereitungsart.

Zubereitung

Den Rettich gut waschen und schälen, ein Gurkenschäler eignet sich zu diesem Arbeitsgang vortrefflich. Mit einem verstellbaren Gurkenhobel feine Stifte hobeln und die Stifte mit den Händen in der Schüssel gut auflockern.

Je nach Größe ein bis zwei gestrichene Teelöffel Salz hinzufügen und kräftig umrühren.

4-5 Esslöffel Öl beimengen und wem danach ist noch einen ordentlichen Schuss Sahne. Ich vermeide am Rettich Essig oder ähnliche Säuerungsmittel, es verfälscht den frischen Rettichgeschmack und lässt ihn schlapp werden.

Alles nochmal gut durchrühren, mit Buntem Pfeffer aus der Mühle bestreuen und etwas Petersilie dekorieren.

Den Salat 15 bis 20 Minuten ziehen lassen, damit die scharfen Senföle entweichen können und dann servieren.

So zubereitet schmeckt er nach frischem Rettich, ist knackig und mild. Versucht es einmal.

Kleine Gewürzkunde - interessantes und wissenswertes über Gewürze

Wer Speisen individuell zubereiten möchte, muss sie nach seinem Geschmack würzen.

Jeder Koch verleiht einer Speise durch seine persönliche Würzung individuellen Charakter. Das macht Kochen so kreativ, denn ein und dasselbe Rezept, von zwei Köchen gekocht, ergibt zwei unterschiedliche Geschmäcker.

Täglich geht jeder Küchenmeister mit Gewürzen um, schüttet sie in Suppen, verleiht Soßen Aroma, gibt Salaten ihre Richtung und vieles mehr.

Deswegen habe ich mich entschlossen, eine "Kleine Gewürzkunde" in mein Blog einzuführen. Von Zeit zu Zeit nehme ich mir ein Gewürz vor und veröffentliche darüber unter dem Label "Gewürze" Interessantes und Wissenswertes.

Paprikapulver - ein großartiges Gewürz

Paprikapulver ist aus keiner Küche wegzudenken. Ursprünglich kam er in den Urwäldern Süd- und Mittelamerikas vor. Columbus brachte ihn nach Spanien, von wo aus er seinen Siegeszug um die Welt antrat. Allen voran haben die Ungarn ihn zur Nationalspeise erhoben.

Paprikapulver ist nichts weiter als getrockneter, gemahlener roter Paprika und in allen Schärfen zu haben. Er gehört in viele Gerichte, verleiht kräftiges Aroma und seidene Farbe.

Achtung

Paprikapulver schwärzt beim Braten. Wer also sein Schnitzel mit Salz, Pfeffer, Paprika würzt und es hernach brät wird erfahren, dass sein Fleisch nicht lecker knusprig bräunt, sondern innerhalb kürzester Zeit bitter schwarz verbrennt. Das liegt am Paprikapulver.

Also merke: Paprika eignet sich nicht zum Anbraten sondern gehört in flüssige und halbflüssige Speisen oder darf nur ganz kurz und vorsichtig in Fett geröstet werden, bevor er mit Fond, Wein oder Wasser abgelöscht wird. So kommt allerdings sein Aroma besonders zur Geltung.

Apotheke

Paprikapulver enthält viel Vitamin C, Capsain, Bioflavone und Carotin.

Das bedeutet: Er regt die Darmtätigkeit an, fördert die Durchblutung von Herz, Magen und Haut, hilft gegen Trombosen, beugt Krebs vor und dämpft Schmerz und Stress.

Paprika ist also ein mehr als zu empfehlendes Gewürz und jeder der ihn mag sollte kräftig zulangen[15].

Hackfleischbällchen - bissfest und saftig

Es gibt drei Sachen, die mich an Hackfleischbällchen oder Fleischküchle stören.

Das Problem

1. Wenn beim Reinbeißen nicht klar unterscheiden werden kann, ob Hackfleisch oder Brot zwischen den Zähnen zermalmt wird.
2. Wenn beim Reinbeißen halb rohe Zwiebelstücke den Genuss stören.
3. Wenn Hackfleischbällchen fade schmecken oder versalzen sind.

Üblicherweise wird Hackfleisch mit eingeweichtem Brot gestreckt und gewürfelten Zwiebeln gewürzt. Wenn das Brot nicht superfein verteilt ist, oder die Zwiebeln zu grob geschnitten sind, tritt schnell eben erwähnter Unbill auf und vermiest die halbe Essensfreude.

Außerdem benötigt Hackfleisch ein hohes Maß an Salz und viele Köche scheuen sich, es roh abzuschmecken. Doch diese Schwierigkeiten lassen sich ganz einfach aus dem Weg räumen.

Ideen

1. Anstatt eingeweichtem altbackenen Brot nimmt man Semmelbrösel. Sie lassen sich leicht gleichmäßig im Hackfleisch verteilen und verleihen ihm dieselbe Fülle.
2. Zwiebeln sind enorm wichtig, um kräftigen Geschmack zu erwirken. Leider ist es mühselig, will man ganz fein gewiegte Zwiebeln haben. Deswegen reibe ich die Zwiebeln ins Hackfleisch. So entfalten sie ein Höchstmaß an Aroma und verteilen sich optimal in der gesamten Masse.

15 Ingeborg Münzing-Ruef, Kursbuch gesunde Ernährung, Zabert Sandmann Verlag

3.Anfangs schmeckten meine Fleischküchle immer fade, ich nahm regelmäßig zu wenig Salz. Also wog ich jedes mal das Salz ein und stellte befriedigt fest, dass auf 500 g Hackfleisch zwischen 8 und 10 g Salz gehören.
Zur Info: Ein stark gehäufter Teelöffel voll Salz wiegt ca. 8 g.

Zutaten

- 500 g Hackfleisch
- 1 mittelgroße Zwiebel
- 60 g Semmelbrösel
- 1 Ei
- 8 - 10 g Salz
- Öl oder Gänseschmalz
- Pfeffer, Curry, Chili, usw. nach Geschmack und Belieben

Zubereitung

Hackfleisch in einer Schüssel mit der Gabel flach verteilen. Salz gleichmäßig darüberstreuen, Ei aufschlagen und übers Hackfleisch schütten, Zwiebel rein reiben und Semmelbrösel schön gleichmäßig über die ganze Oberfläche verteilen. Mit den restlichen Gewürzen bestreuen und die Masse gut durchrühren und kneten.
Wer Bällchen mag, sollte mit einem Teelöffel kleine Mengen der Masse entnehmen, runde Kügelchen formen und sie hernach bei mittlerer Hitze mit etwas Öl oder Gänseschmalz in der Pfanne knusprig bräunen. Die Kügelchen können mit einem hölzernen Kochlöffel einfach umgerührt werden, es ist nicht nötig, sie sie einzeln von Hand zu drehen.
Wer Küchle möchte bemisst die Hackfleischmenge mit einen Esslöffel, formt und brät sie hernach in einer Pfanne bei mittlerer Hitze mit etwas Öl oder Gänseschmalz an.

Sie sollten nur einmal gewendet werden. Von beiden Seiten schön gebräunt, sind unsere kleinen Freunde durch.

Eine Variante

Ralf kam in seinem Blog "Einfach mal selber Kochen" auf die Idee, Rahm ins Hackfleich einzuarbeiten. Das inspirierte mich zu einem neuen Versuch. Allerdings nahm ich nicht Rahm sondern Frischkäse.

Ich testete es heute vorsichtig mit einem einzelnen Burger und war restlos begeistert. Er lässt sich ebenfalls ohne Probleme braten und der Geschmack war wirklich umwerfend. Cremig, vollmundig und mit wesentlich stärkerem Aroma überzeugte er mich restlos. Ich werde das nächste mal alle Klopse so machen, mal sehen, wie es bei der Familie ankommt. Ich schätze auf 500 g Hackfleisch kommen 2 starke Esslöffel Frischkäse.

Anstatt Frischkäse können natürlich viele andere Käsesorten genommen werden, je nachdem, welche Richtung der Klops bekommen soll. Roquefort, Ziegenkäse, Gruyère, Appenzeller und Genossen bringen Abwechslung und Raffinesse in eine alltägliche Speise wie Fleischküchle.

Versucht es mal, nur Mut.

Die Kartoffel - ein vorbildliches Nahrungsmittel

Kartoffeln sind viel gesünder als wir glauben.

Schon "Friedrich Wilhelm I von Preußen" befahl den Kartoffelanbau in weiten Teilen Deutschlands und wer sich weigerte lief Gefahr, dass ihm Ohren und Nase abgeschnitten wurden - als offizielles Strafmaß. Auf diese Weise besiegte Deutschland bzw. Europa die gefährliche Krankheit Skorbut. Kartoffeln beinhalten nämlich viel Vitamin C und Skorbut ist bekanntlich eine Krankheit, die durch Mangel an eben diesem Vitamin entsteht.

Verzehrt man sie als Pellkartoffeln, vorausgesetzt ihre Schalen sind nicht aufgeplatzt, so sind Grumbieren wahre Vitamin- und Minaralbomben. Doch schon als

Salzkartoffeln lassen ihre Inhaltsstoffe merklich nach und in industriell aufgearbeiteten Kartoffelprodukten, wie Pommes, finden sich nahezu nichts positives mehr.

Inhaltsstoffe

Es ist phantastisch, was die Kartoffel so alles in sich birgt. Mit gerade mal 85 kcal auf 100g macht sie nicht dick. Sie besteht zu ca. 20% aus Stärke und 2% hochwertigem Eiweiß. Erdäpfel enthalten einen hohen Anteil an essentiellen Aminosäuren, viel Vitamin C, Magnesium, Eisen, B-Vitamine (u.a. Fol- und Pantathensäure), Flourid, Phosphor, Kupfer, Zink, Kobalt, viele Ballaststoffe und Spuren von Atropin.

Apotheke

Kartoffeln wirken stark entwässernd, sind also empfehlenswert für Herz- und Nierenkranke. Sie fördern die Verdauung, den Schlaf und beugen Schlaganfällen vor, um nur die wichtigsten Effekte zu nennen.

Warnung

So gesund Kartoffeln sind, so gefährlich ist ihre Schale. Sie birgt einen hohen Anteil an Alkaloid. Mit diesem Gift wehren sich Kartoffeln gegen unliebsame "Mitesser" und es entweicht nicht beim Kochen.

Es stimmt zwar: Die meisten Vitamine befinden sich immer unter der Schale, weswegen viele Gemüse auch gern mit Schale verzehrt werden. Bei Kartoffeln jedoch sollte man das tunlichst vermeiden.

Wer also gesund leben möchte, sollte oft und viel gepellte Pellkartoffeln essen[16].

16 Ingeborg Münzing-Ruef, Kursbuch gesunde Ernährung, Zabert Sandmann Verlag

Tsatsiki (Zaziki) - wie es die Griechen machen

Tsatsiki, in einem griechischen Restaurant gegessen, schmeckt cremig und vollmundig.

Sobald wir es aber zuhause nachmachen, wird es in der Regel schlabbrig, viel zu flüssig und erinnert nur im Entfernten an das Tsatsiki, was es beim Griechen gab.

Viele versuchen nun dem selbstgemachten Tsatsiki mit Schmand, Frischkäse oder ähnlichem beizukommen. Der Knoblauchdip wird dann zwar fester und schmeckt auch lecker, nur eben nicht nach Tsatsiki.

Joghurt abtropfen lassen

Doch griechisches Tsatsiki ist nur mit Joghurt gemacht. Einzig, griechischer Joghurt ist wesentlich gehaltvoller als unser deutscher. Doch das ist kein Grund zu verzagen, mit einem kleinen Kunstgriff lässt sich aus unserem Joghurt ebenso gutes Tsatsiki bereiten, wie aus dem griechischen. Im Unterschied zum hellenischen Joghurt hat der germanische Bruder nämlich lediglich mehr Flüssigkeit. Wird ihm diese mittels eines ausgelegten Durchschlags entzogen, bekommt er innerhalb von zwei Stunden dieselbe Beschaffenheit.

Zutaten für eine Portion

- 600 g Naturjoghurt
- 1/2 mittelgroße Gurke
- Salz
- Pfeffer
- 1-2 Zehen Knoblauch
- 1 Esslöffel Olivenöl
- eine Olive zur Dekoration

Zubereitung

Ich nehme am liebsten Bio - Naturjoghurt aus dem Aldi (4 Becher).

Ein Küchensieb mit einem Trockentuch auslegen, Joghurt hineinschütten, zwei Stunden abtropfen lassen und schon hat er die nötige Beschaffenheit und kann prima zu vollendetem Tsatsiki weiterverarbeitet werden.

Abgetropfter Joghurt eignet sich übrigens auch hervorragend als Grundlage für viele andere Dips, doch dazu werde ich demnächst noch extra Posts bringen.

Gurken trocknen

Als nächstes die Gurke waschen, schälen und grob raspeln. Mittels einiger Blätter Küchenkrepp wird den Gurkenraspeln nun ebenfalls alles Wasser entzogen. Dazu immer wieder neues Küchenkrepp auf die Gurken drücken, bis keine Feuchtigkeit mehr aufgesogen wird. Für 1/2 Gurke benötigt man ungefähr 8 - 10 Blätter.

Sind die Gurken trocken, werden sie mit dem abgetropften Joghurt und dem Olivenöl in einer Schüssel gut vermischt und mit Salz und Pfeffer abgeschmeckt. Die Knoblauchzehen hineinpressen und alles nochmal gut vermengen. Es empfiehlt sich, zunächst eine Zehe hineinzupressen und zu schmecken, ob das Tsatsiki nicht zu scharf wird.

Abschließend mit der Olive dekorieren und 10 Minuten ziehen lassen - et voilà wir haben ein Tsatsiki wie in Griechenland.

Braten im Ofen - wie er punktgenau gegart wird

Wer Fleisch im Ofen zubereiten möchte, braucht einen Fleischthermometer. Sei es nun Rinderbraten, Schweinebraten, eine Lammkeule oder welcher Braten auch immer, wenn er punktgenau gegart werden soll, muss die Kerntemperatur des Fleisches gemessen werden.

Es gibt zwar in jedem Rezept Informationen über Garzeiten, auch geben jede Menge Tabellen Auskunft darüber, doch diese Angaben sind nur Orientierungshilfen und wer an seinem Braten Freude haben möchte, darf sich nicht darauf verlassen. Auch der

Trick mit dem Schaschlikspieß, der ins Fleisch gestochen wird, um die Farbe des heraustretenden Saftes zu beobachten, ist nicht 100%ig verlässlich. Jeder Ofen verhält sich anders und jedes Fleisch ebenso. Deswegen messe, wer den Braten gelungen haben möchte.

Fleischthermometer sind für wenig Geld in allen Haushaltsgeschäften, in mittelmäßig sortierten Supermärkten und von Zeit zu Zeit selbst im Zusatzsortiment der Discounter zu erhalten.

Wer also an einem solchen Gerät vorbeiläuft und noch keines besitzt, sollte es unbedingt kaufen; denn was gibt es besseres, als einen Braten aus dem Ofen zu nehmen und genau zu wissen, dass er minuziös auf den Punkt gegart ist. Der lästige Zweifel, ob das Fleisch nun schon aus der Röhre soll oder nicht, ist damit ein für alle Mal aus dem Weg geräumt.

Hier eine kurze Übersicht über Garzeiten und Kerntemperaturen

Die Angaben sind pro 500g Fleisch, das Zimmertemperatur hat. Der Ofen ist auf 175°C (Ober- Unterhitze) vorgeheizt und der Braten wurde zuvor in einer Pfanne kurz gebräunt.

•Rindfleisch:

blutig 12 - 15 Minuten, Kerntemperatur 50°C

rosa 15 - 18 Minuten, Kerntemperatur 60°C

durchgebraten 18-20 Minuten, Kerntemperatur 70°C

•Lamm wie Rind

•Kalb:

durchgebraten 15-20 Minuten, Kerntemperatur 70°C

•Schwein:

durchgebraten 20-25 Minuten, Kerntemperatur 75°C[17]

17 Anne Willan: Die große Schule des Kochens, Christian Verlag München

Rinderbraten - außen knusprig braun, innen zart und saftig

Wenige Dinge sind so einfach zu kochen wie ein leckerer Braten, wenn man weiß wie. Den Krustenbraten einmal außen vorgelassen, ist die Vorgehensweise bei allen Braten gleich.

Zunächst wird das Fleisch kräftig nach Geschmack gewürzt. Bei einem Braten ist es so dick, dass auch bedenkenlos zuvor gesalzen werden kann. Ich persönlich bevorzuge die ganz einfache Version mit Salz und Pfeffer.

Nachdem unser kleiner Schatz ordentlich gesalzen und gepfeffert wurde, muss er in der Pfanne scharf angebraten werden, bis er rundherum schön braun ist.

Es gibt auch die Möglichkeit, das Fleisch im Ofen bräunen zu lassen, dazu wird aber zunächst mit sehr großer Hitze gearbeitet und erst nach 15 bis 20 Minuten die Temperatur auf Gartemperatur herabgeregelt. Ich halte nicht all zu viel von dieser Methode, der Braten trocknet bei zu hohen Temperaturen gerne am Rand aus.

Nach dem Anbraten können natürlich noch weitere Gewürze beigegeben werden, Kümmel, exotische Gewürze, Senf, Curry, selbst Honig ist machbar, je nach Geschmack. Vom Paprika lasst die Finger weg, er schwärzt gerne. Auch sollten Kräuter erst 10-15 Minuten vor Ende der Garzeit verwendet werden, da sie sonst verbrennen. Aber ansonsten ist der Phantasie keine Grenze gesetzt.

Zwischenzeitlich wurde der Ofen auf 175°C vorgeheizt und der Braten auf dem Rost über einem Backblech positioniert. Am Besten gelingt er mit Ober- Unterhitze, Heißluft geht aber auch.

Wer die Niedrigtemperatutmethode bevorzugt, heizt nur auf 110 - 120°C vor, die Garzeit verlängert sich dann entsprechend. Was Garzeiten und Kerntemperaturen angeht findet ihr alle Infos in meinem letzten Post, "Braten im Ofen - wie er punktgenau gegart wird".

Auf dem Backblech können noch Zwiebelstücke und Tomatenschnitze verteilt werden, sie saugen den Bratensaft auf und machen sich später lecker in der Soße.

Das Backblech mit dem Braten nun auf die mittlere Schiene schieben und den Ofen schließen. Von Zeit zu Zeit empfiehlt es sich, einige Butterflocken auf dem Fleisch verlaufen zu lassen.

Gegen Ende der Garzeit regelmäßig die Kerntemperatur messen. Wenn das Fleisch die gewünschte Temperatur hat, aus dem Ofen nehmen, mit Alufolie abdecken und 10 Minuten ruhen lassen. Der Saft verteilt sich währenddessen schön gleichmäßig im Fleisch. Ich esse Rind oder Lamm am liebsten bei 55°C Kerntemperatur.

Nun bekommt die Soße ihren letzten Schliff. Dazu werden Sud und Röststoffe, die sich auf dem Blech gebildet haben, mit etwas Wasser gelöst und der Soße beigegeben. Wer mag kann die Tomaten und Zwiebeln ganz lassen, wer nicht, kann sie entweder in der Soße pürieren oder durch ein Sieb streichen. Ich hab sie gerne ganz. Alles über die perfekte Soße findet ihr in meiner Serie "Raffinierte Soßen Teil 1-6".

Nun nur noch aufschneiden und servieren, guten Appetit.

Salatdressing - schnell wie Fertigsoße aber selbst gemacht und lecker

Zugegeben, es ist einfach und geht schnell - das fertige Salatdressing aus Tüte und Flasche. Den Salat waschen, in eine Schüssel, Salatdressing drüber, durchgemischt und "fertig ist die Laube".

Doch wer möchte ein solches Dressing seinen Gästen anbieten?

Und die persönliche Note? Sie fehlt!

Hier stelle ich eine Salatsoße vor, das fast genauso schnell geht, lecker schmeckt und nicht vom Alchemisten sondern vom Koch eigenhändig hergestellt wird.

Joghurtdressing für einen Kopf Salat

Zutaten

- 150 g. Naturjoghurt
- 2-3 Esslöffel Salatöl
- 4-5 Esslöffel Mineralwasser

- 3-4 Teelöffel Kräuter (auch tiefgefroren)
- etwas Maggi
- eine Prise Zucker
- eine Zehe Knoblauch (wer mag)
- Salz und Pfeffer aus der Mühle

Zubereitung

150 g Naturjoghurt (ein kleiner Becher) in ein Schälchen füllen, 2-3 Esslöffel Salatöl dazu, ein paar Spritzer Maggi hinein. 4-5 Esslöffel Mineralwasser hinzufügen, wer mag kann noch eine Zehe Knoblauch einpressen. Das ganze mit 3-4 Teelöffeln gefrorener oder frischer Kräuter verfeinern, mit einer Prise Zucker, Salz und reichlich Pfeffer würzen, umrühren und schon hat man eine leckeres Salatdressing selbst gemacht und es schmeckt delikat.

Das Dressing wird kurz vor dem Servieren über den Salat geschüttet, kurz umgerührt und dann sofort auf den Tisch gebracht, sonst fällt der Salat zusammen, wird schlaff, schlapp, beleidigt das Auge und schmeckt nicht mehr

Eines noch, ich habe es nicht vergessen: Essig gehört nicht daran, der Joghurt säuert genug!

Knoblauchbaguette - klassisch oder provencale

Knoblauchbaguette muss nicht aus der Gefriere gekauft werden, jeder kann es ganz leicht selbst machen. Zwei unterschiedliche Möglichkeiten, wie ich es gerne habe, möchte ich heute vorstellen. Die "klassische Art" und eine relativ unbekannte - sagen wir mal - "provencalische Art".

Bei beiden kann getrost altbackenes Brot genommen werden, es gelingt damit sogar noch besser als mit frischem.

Doch schreiten wir zur Tat:

Knoblauchbaguette klassisch

Zutaten

- 1 altbackenes Baguette
- 50 g Butter
- 3-4 Zehen Knoblauch, durchgepresst
- Cayennepfeffer (für diejenigen, die es scharf mögen)
- Salz
- Pfeffer

Zubereitung

Die Butter ca. 1 Stunde vorher aus dem Kühlschrank nehmen und weich werden lassen.

Das Baguette von oben schräg einschneiden, sodass ca. 2 cm dicke Scheiben entstehen, die Scheiben jedoch nicht abtrennen. Jeder weiß, wie es aussehen muss.

Butter, Knoblauch, Cayennepfeffer, Salz und Pfeffer zu einer homogenen Paste verrühren und mit einem Messer in den Schnitten des Baguettes verteilen.

Ofen auf 175 °C (Heißluft) 200 °C (Ober- Unterhitze) vorheizen und das Baguette im vorgeheizten Ofen knusprig braun backen. Achtung, das geht recht schnell, 5-10 Minuten reichen meist aus.

Diese Art Knoblauchbaguette ist weithin verbreitet und schmeckt auch lecker.

Kürzlich kam mir allerdings die Idee, Knoblauchbaguette etwas anders zuzubereiten, ich nenne es einfach mal auf "provencalische Art".

Knoblauchbaguette provencale

Zutaten

- 1 altbackenes Baguette
- 10 Esslöffel Olivenöl
- 2-3 Teelöffel Kräuter der Provence

- 2-3 Zehen Knoblauch, durchgepresst
- Cayennepfeffer (für diejenigen, die es scharf mögen)
- Salz
- Pfeffer

Zubereitung

Das Baguette der Länge nach aufschneiden.

Öl, Kräuter, Knoblauch, Cayennepfeffer, Salz, Pfeffer in einem Schälchen vermischen und mit einem Kuchenpinsel auf den Schnittflächen des Baguettes gleichmäßig verteilen. Den Pinsel steck ich danach immer in die Geschirrspülmaschine.

Wie oben, den Ofen auf 175 °C (Heißluft) 200 °C (Ober- Unterhitze) vorheizen und das Baguette im vorgeheizten Ofen knusprig braun backen. Achtung, auch hier geht das recht schnell, 5-10 Minuten reichen meist aus.

Seit ich diese Art Baguette ausprobiert habe, bereite ich es nur noch provencalisch zu, es ist wesentlich einfacher und schmeckt phantastisch. Wenn Ihr mal ein Baguette übrig habt und nicht recht wisst, was damit anzufangen sei, dann versucht es doch einfach mal.

vegetarisch grillen - Spargel grillen

Spargel als Beilage zu einem saftigen Steak, auf dem Grill zubereitet, ist eine besonders bezaubernde Delikatesse. Das durfte ich gestern beim sonntäglichen Grillen feststellen. Zu Beginn der Grillsaison gelüstet es mich meist nur nach Fleisch. Gegen Ende experimentiere ich ganz gerne mit Gemüse, so auch gestern Abend.

Spargel für den Grill

Beim Einkauf besorgte ich 500g frischen Spargel, und bereitete ihn folgendermaßen zu:

1) Den Spargel waschen und schälen.

2) Etwa 30 cm Alufolie ausrollen, Butterflocken auflegen und salzen. Anschließend mit reichlich gehackten Kräutern aus dem Garten bestreuen. Wer keine Gartenkräuter hat,

kann auch Kräutermischung aus der Tiefkühltruhe des Supermarktes nehmen, ich bevorzuge die 8-Kräuter-Mischung des ALDIs. Ist alles ausgebracht, werden die geschälten Spargelstangen, eine neben der anderen, auf der Folie ausgelegt.

3) Sind alle Spargel verteilt, auf die Stangen nochmal dieselbe Schicht Butterflocken, Salz und Kräuter geben.

4) Nun den Spargel fest in Alufolie einpacken und schon geht es ab auf den Grill.

5) Die Packung sollte von jeder Seite 15 Minuten geröstet werden. Das Ergebnis ist umwerfend. Der Spargel verliert weder Flüssigkeit noch Aroma, ist wesentlich würziger und saftiger als gekocht. Kräuter und Butter geben dem Ganzen einen besonderen Akzent, ohne den Spargelgeschmack zu überdecken. Meine Frau und ich waren mehr als begeistert und werden dieses Rezept ganz sicher nicht zum letzten Mal bereitet haben.

Probiert es beim nächsten Grillabend unbedingt aus, solange noch frischer Spargel verfügbar ist. Auch der deutsche aus den Discountern eignet sich hervorragend, es muss nicht der teure vom Spargelstand sein.

Omelette - ein vielseitiger Snack, schnell zubereitet

Ein leckeres Omelette passt zu jeder Gelegenheit, ist vielseitig, lässt sich schnell und einfach zubereiten.

Wie beim Rührei werden zunächst Eier aufgeschlagen und mit etwas Milch in einer Schüssel verquirlt. Salzen und Pfeffern.

Leichte Zutaten, wie Kräuter oder exotische Gewürze werden der Eimasse zugefügt, schwere der Pfanne. Anschließend wird alles bei niedriger Temperatur gebraten, damit das Ei langsam durchstocken kann.

Ist es bis zur Oberfläche gestockt, wird ein Teller genommen, über die Pfanne gelegt, die gesamte Pfanne mit Teller ruckartig um 180 ° gedreht, sodass das Omelette auf dem Teller zum Liegen kommt. Danach lässt man es vorsichtig wieder in die Pfanne gleiten, um es von der anderen Seite zu bräunen.

Das Drehen kitzelt die Nerven, ist aber vollkommen einfach, solange man sich nicht verkrampft. Immer schön locker bleiben und dann funktioniert es einwandfrei.
Ein leckeres Beispiel stelle ich kurz vor:

Zucchiniomelette mit Mozzarella, Kräutern und Schinken

Zutaten für 2 Personen

- 300 g Zucchini
- 1 Zwiebel
- 2-3 Esslöffel Kräuter, frisch oder tiefgefroren
- eine Kugel Mozzarella
- 3-4 Esslöffel Olivenöl
- 2-3 Zehen Knoblauch
- 4 Eier
- 2 Esslöffel Milch
- Salz
- Pfeffer
- 6 Scheiben geräucherten Schinken

Zubereitung

Eier aufschlagen, mit den Kräutern, Salz, Pfeffer und Milch in einem Suppenteller verquirlen und beiseite stellen.
Zucchini waschen und in kleine Würfel schneiden. Zwiebeln und Knoblauch schälen und fein würfeln. Den Mozzarella ebenfalls würfeln.
In einer kleinen Pfanne (Durchmesser 22 cm) das Öl erhitzen, doch Achtung: Nur auf mittlere Hitze bringen. Die Zwiebeln ca. 5 Minuten glasig dünsten. Anschließend Zucchiniwürfel und Knoblauch in die Pfanne geben, alles unter ständigem Rühren ca. 3-5 Minuten anbraten und mit Salz und Pfeffer kräftig würzen. Wer's scharf mag kann natürlich auch noch Chili oder Cayennepfeffer beifügen.

Eimasse und Mozzarellawürfel darüberschütten, kurz durchrühren und nun die Masse langsam stocken lassen. Wird die Oberfläche fest, das Omelette mittels eines Tellers drehen und von der anderen Seite 3-4 Minuten bräunen.
Anschließend vorsichtig auf ein Brett oder Teller gleiten lassen, mit dem Schinken belegen und wenn zur Hand, mit frischen Kräutern garnieren.
Das Omelette schmeckt vorzüglich zu einem knusprigen Knoblauchbaguette, guten Appetit[18].

grüne Bohnen in Knoblauchbutter geschwenkt - eine delikates Gemüse

Zur Zeit sind sie wieder überall zu haben, die schlanken feinen grünen Buschbohnen. Gesund und vielseitig verwendbar, gehören sie auf unsere Tische - als Gemüse, Salat oder in Suppen.
Doch egal, was wir aus den Vitaminspendern auch machen wollen, zunächst müssen sie gewaschen und die Spitzen von beiden Seiten abgeschnitten werden. Da sie in rohem Zustand ungesund und wenig schmackhaft sind, sollten sie zunächst in leicht gesalzenes kochendes Wasser gegeben und mit geschlossenem Deckel, bei mittlerer Temperatur, exakt 12 Minuten gekocht werden.
Ich gebe dem Sud immer ein paar Spritzer Zitronensaft hinzu, so behalten die Böhnchen etwas von ihrem zarten Grün. Verzichtet man darauf, bekommen sie gerne einen grauen Schleier. Nach den 12 Minuten sind sie gar, leicht bissfest und haben ihr Aroma voll entfaltet.
Jetzt können sie zum Beispiel mit Essig und Öl in einen schmackhaften Salat verwandelt werden, in einen Speckmantel gewickelt und im Ofen knusprig gebacken oder wie ich sie bevorzuge, mit einigen roten Paprikastiften vermengt und in Knoblauchbutter geschwenkt werden.

Zutaten für zwei Portionen

- 500 g grüne feine Buschbohnen

18 Schnelle Küche für jeden Tag, Moewe Verlag

- eine kleine rote Paprikaschote in Stifte geschnitten
- Zitronensaft
- 3-4 Knoblauchzehen gepresst
- 10 bis 20 g Butter
- Salz
- Pfeffer
- Bohnenkraut (wer's mag)

Zubereitung

Wie oben beschrieben die Bohnen waschen, die Spitzen abschneiden und in leicht gesalzenes kochendes Wasser schütten. Mit einigen Spritzern Zitronensaft 12 Minuten kochen, bis sie gar aber noch leicht bissfest sind. Danach schnell absieben und auskühlen lassen.

Sind sie abgekühlt, Butter in einer Pfanne auslassen und Paprikastifte darin 2-3 Minuten bei mittlerer Hitze dünsten. Danach Bohnen, Bohnenkraut und Knoblauch hinzugeben, salzen, pfeffern, in der heißen Butter alles 2-3 Minuten miteinander gut durchmengen und sofort heiß servieren.

Die bissfesten Böhnchen entwickeln in der Knoblauchbutter ein vorzügliches Aroma und zusammen mit den roten Paprikastiften geben sie ein wunderschönes Bild ab.

Dieses Gericht ist eine lohnende Beilage zu Fleisch jeder Art oder zusammen mit Bratkartoffeln auch als Hauptspeise denkbar.

Zwetschgenkuchen (Zwetschgendatschi) - schnell gemacht und trotzdem sinnlich verführend

Guter Zwetschgenkuchen wird getragen von einem hauchdünnen Teig, ist belegt mit vielen saftigen Zwetschgen und gekrönt von knusprigen Streuseln.

Leider haben die Kuchen in den Auslagen von Bäckereien, Konditoreien und Cafés nur selten etwas mit einem guten "Datschi" zu tun. Ihr Teig ist meist dick, trocken, die Zwetschgen muss man suchen und Streusel sind häufig überzuckert.

Einzig bei den Schwaben auf der Ostalb finden sich leckere Gesellen, die satt und saftig auf der Zunge zergehen und dem Genießer wirkliche Freude bereiten.
Da wir jedoch nicht mehr auf der Ostalb leben sondern ins warme Rheintal umgezogen sind, ist uns diese schwäbische Delikatesse nunmehr gänzlich versagt. Hinzu kommt, dass wir nicht wirklich gerne backen.
Doch es gibt eine Lösung, wie mit wenigen Handgriffen innerhalb kürzester Zeit jene Art Zwetschgenkuchen bereitet werden kann, die uns den "Zwetschgendatschi-Notstand" am Rhein vergessen lässt.

Zutaten

- Eine Rolle fertigen Blätterteig
- 1,5 - 2 Kg Zwetschgen, entsteint und halbiert
- 125 g weiche Butter
- 125 g Zucker
- 250 g Mehl
- 1 Päckchen Vanillezucker

Zubereitung

Den Blätterteig entrollen, auf einem Backblech ausbreiten und mit den Zwetschgen gleichmäßig belegen.
Für die Streusel: Butter, Mehl, Zucker und Vanillezucker in einer Schüssel mit Knethaken oder Hand gut durchkneten und über die Zwetschgen verteilen.
Den Kuchen nun in den auf 175 °C vorgeheizten Backofen schieben (Ober-Unterhitze) und 40 - 45 Minuten backen.
Der Kuchen ist sehr schnell gemacht, bereitet wenig Mühe und schmeckt am besten noch warm mit etwas Sahne.

Kartoffepüree selber machen - wie Vitamine und Mineralien erhalten bleiben

Kartoffelbrei kann einfach und schmackhaft aus der Fertigpackung zubereitet werden. Leider fehlen diesem Brei beim Verzehr so ziemlich alle Vitamine und Mineralien, siehe dazu auch meinen Post "Die Kartoffel - ein vorbildliches Nahrungsmittel".

Dabei ist es ganz einfach, Kartoffelbrei selbst so herzustellen, dass sehr viele der lebenswichtigen Inhaltsstoffe erhalten bleiben. Der Trick dabei ist, dass man das Wasser, in dem die Kartoffeln zubereitet werden, nicht abschüttet sondern verkochen lässt.

Hier stelle ich eine Schritt für Schritt Anleitung vor, wie das funktioniert:

Die gewünschte Menge Kartoffeln (vorwiegend festkochend) waschen, schälen und die Augen entfernen. Geschälte Kartoffeln nochmal abwaschen.

Erdäpfel anschließend klein würfeln und in einen Topf geben. Mit Wasser bedecken, leicht salzen, zum Kochen bringen. Den Topf bei mittlerer Hitze mit geschlossenem Deckel ca. 5 Minuten köcheln, dann Deckel abnehmen und offen weiter kochen lassen, bis alles Wasser verdampft ist. Das kann bis zu 1/2 Stunde dauern, macht aber nichts, da die Arber sowieso püriert werden sollen und es gilt: Je weicher, desto besser!

Achtung: Gegen Ende der Kochzeit die Kartoffeln nicht aus den Augen lassen, denn wenn das Wasser verdampft ist, brennen sie schnell an. Ist alle Flüssigkeit entwichen, die "Grumbieren" vom Herd nehmen.

Salz sowie Muskat beigeben, mit dem Handmixer vorsichtig durchrühren und dabei schluckweise Milch hinzufügen, bis ein sahniges Püree entstanden ist. Wer mag kann noch verschiedene Kräuter zugeben oder statt der Milch auch Sahne nehmen.

Schon hat man ein leckeres Kartoffelpüree, das obendrein auch noch gesund ist, denn beim Kochen werden viele Vitamine in das Kochwasser abgegeben. Wenn wie oben beschrieben das Wasser nicht abgeschüttet, sondern verkocht wird, wandern die Vitamine nicht in den Abfluss sondern verbleiben im Püree.

Boeuf Bourguignon - typisch französisch

Eines der Gerichte, das die Redensart "Essen wie Gott in Frankreich" begründet, ist mit Sicherheit "Boeuf Bourguignon". Auf deutsch: "Rindfleisch in Rotweinsoße" überzeugt die französische Variante durch zartes Rindfleisch, das auf der Zunge zergeht, während das Aroma, verstärkt durch Rotwein und weiche Zwiebeln, den Gaumen aufs raffiniertste betört.

Und so wird es gemacht:

<u>Zutaten</u>

- 500 g Rindfleisch, nicht zu mager
- 3/4 Liter Rotwein (am Besten französischer Landwein)
- 1/2 Liter Rinderfond
- 2 große Möhren in Scheiben
- 2 große Zwiebeln, geschält und geviertelt
- Eine Dose kleine Champignons, abgegossen
- 100 g durchwachsenen Speck, in Scheiben geschnitten
- 30 g Butter
- 30 g Mehl
- Öl
- 1 Esslöffel Tomatenmark
- Salz
- Pfeffer
- 2 Chillis
- 1 Teelöffel Paprikapulver

<u>Zubereitung</u>

Das Rindfleisch in sehr große Stücke schneiden, gut pfeffern und zur Seite stellen.

Während der Pfeffer einzieht, aus Butter und Mehl eine kräftige dunkle Einbrenne herstellen und mit dem ganzen Rotwein ablöschen. Temperatur reduzieren und den Rotwein ganz leise mit geschlossenem Deckel köcheln lassen.
In einer schweren Pfanne wird nun etwas Öl, besser Gänseschmalz erhitzt und das Fleisch in zwei Portionen kräftig angebraten. Ist es schön braun, wird es zum Rotwein gegeben, wo es langsam mitköcheln darf. Die Röststoffe werden mit der Hälfte des Rinderfonds aus der Pfanne gelöst und ebenfalls in den Topf gefüllt.
Die Pfanne nun auf dem Herd kurz trocknen lassen und den Speck darin auslassen. Knusprig angebraten, wird er ebenfalls dem Topf beigegeben.
In dem Fett, das aus dem Speck gelöst wurde, werden nun bei mittlerer Hitze Zwiebeln, Möhren und Champignons leicht gebräunt, mit dem Rest des Rinderfond abgelöscht und ebenfalls dem Topf beigegeben.
Die ganze Mischung im Topf wird nun mit Salz, Paprika, Chili und Tomatenmark gewürzt und bei geschlossenem Deckel, mindestens zwei Stunden, ganz langsam köcheln gelassen. Ist die Soße nach den zwei Stunden noch nicht richtig eingedickt, kann sie mit etwas Speisestärke, die in kaltem Wasser gelöst wurde, noch nachgedickt werden.
Zusammen mit Salzkartoffeln oder Teigwaren wird nun nach Herzenslust geschlemmt.

Tellersülze - erfrischend herzhaft und schnell gemacht

Ich liebe Tellersülze. Leider gibt es dieses Gericht heutzutage nur noch selten in Restaurants oder Metzgereien. Bestenfalls findet man in manchen Supermärkten oder Discountern auf Styroportellern eine vergleichbare Speise, allerdings hoffnungslos überteuert und nur von geringer Qualität.
Es gibt nun ganz verschiedene Ansätze, Tellersülze selbst herzustellen. Ich machte gestern folgenden Versuch:
Von einer kürzlich zubereiteten Rindfleischsuppe goss ich 1 Liter der Brühe durch ein Sieb, stellte sie zur Seite und bereitete daraus die Sülze.

Zutaten für 4 Teller

- 1 Liter Brühe
- 400 g kalter Braten geschnitten (kann vom Metzger gekauft werden)
- 2 Päckche Gelatinepulver
- etwas Essig
- saure Gurken
- 2 hartgekochte Eier

Zubereitung

Den kalten Braten gleichmäßig auf 4 Suppenteller verteilen. Eier und Gurken in Scheiben schneiden und ebenfalls auf den Tellern verteilen.
Die Brühe und den Essig kurz aufkochen und etwas abkühlen lassen. Das Gelatinepulver darin auflösen und die Flüssigkeit gleichmäßig auf die Teller gießen, bis Fleisch, Gurken und Eier ganz bedeckt sind.
Alles abkühlen lassen und anschließend im Kühlschrank über Nacht ganz durchkühlen.
Frisches Graubrot oder herzhafte Bratkartoffeln küren die Sülzen zu einem einfachen aber vorzüglichen Gaumenschmaus.

Schnitzel und Pilze - eine gelungene Komposition

Pilze sind gesund, herzhaft, kalorienarm und passen hervorragend zu Kartoffeln mit Fleisch. Besonders, wenn Fleisch und Kartoffeln belebend zwischen den Zähnen knuspern und die Pilze satt in Rahmsoße schwimmen, hat man innerhalb kurzer Zeit ein schmackhaftes Menü auf den Teller gezaubert, das manch gruseligen Winterabend in eine angenehme Feierlichkeit verwandeln kann.
Ein Beispiel:

Zutaten

- 8 Mittelgroße Kartoffeln, vorwiegend festkochend

- 1 große Zwiebel
- 300 g kleine braune Champignons
- 200 g Cherrytomaten
- 2 Schinkenschnitzel
- 150 g Schmand
- 100 ml Fleischbrühe
- 1/4 Liter Weißwein
- 1/2 Teelöffel Stärkemehl in kaltem Wasser gelöst
- Öl
- Salz
- Pfeffer
- Paprikapulver
- Cayennepfeffer
- Kräuter der Provence

Zubereitung

Kartoffeln waschen, schälen und in Schnitze schneiden. Ein Backblech mit Backpapier auslegen und die Kartoffelschnitze darauf verteilen, die runde Seite sollte unten liegen. Schnitze mit Öl bepinseln, salzen, pfeffern - am Besten mit buntem Pfeffer aus der Mühle - und mit Paprikapulver bestreuen. Ofen vorheizen, 175 °C Umluft oder 200°C Ober-/Unterhitze und die Kartoffelspalten ca. 1/2 Stunde knusprig braun backen.

Währenddessen Pilze waschen, Tomaten waschen und vierteln, Zwiebeln schälen und grob zerteilen. Die Zwiebeln in einer Pfanne mit etwas Öl bei mittlerer Hitze bräunen. Sind sie golden braun, Pilze dazugeben und ca. 2-3 Minuten anbraten. Anschließend Tomaten beifügen und nochmal 2-3 Minuten braten. Alles mit Fleischbrühe ablöschen, aufkochen, den Schmand zugeben und bei niedriger Hitze leicht köcheln lassen.

Parallel dazu in einer anderen Pfanne die gepfefferten Schnitzel von jeder Seite 3 bis 4 Minuten in gutem Öl oder Gänseschmalz goldbraun braten. Aus der Pfanne nehmen und in Alufolie eingeschlagen 5 Minuten ruhen lassen. Die Röststoffe mit dem Weißwein ablöschen und ca. 5 Minuten köcheln lassen.

Zwischenzeitlich ist der Weißwein etwas eingekocht und die Röststoffe haben sich darin gelöst. Diese Mischung wird nun zu den Pilzen in die Pfanne geschüttet und mit dem Stärkemehl vorsichtig und Schluck für Schluck angedickt, bis die gewünschte Konsistenz erreicht ist. Mit Kräutern der Provence, Salz uns Pfeffer abschmecken, nochmal kurz aufkochen lassen und von der Herdplatte nehmen.

Die Ofenkartoffeln herausnehmen, mit dem Schnitzel und Pilzen auf einem Teller anrichten und genießen.

Kartoffelsalat schwäbisch - ein sinnlicher Gaumenschmaus

Man mag den Schwaben ja einiges nachsagen, aber auf eines verstehen sie sich vortrefflich - auf herzhaft deftiges Essen. So auch der schwäbische Kartoffelsalat, der meines Erachtens unerreicht an der Spitze aller bundesdeutschen Kartoffelsalatrezepte steht.

Und so wird er gemacht:

Zutaten

- 1 kg festkochende Kartoffeln, gelb und speckig. Die besten Erfahrungen habe ich mit der Sorte "Ditta" gemacht
- 1 kleine Zwiebel
- 1 große Tasse kalte Fleischbrühe
- Senf
- Salz
- Pfeffer
- 3 El Öl

•2 El Essig

Zubereitung

Kartoffeln waschen und mit der Schale gut durchkochen. Sind sie unterschiedlich groß empfiehlt es sich, die großen Kartoffeln nach unten zu legen und die kleineren obenauf zu schichten. Wenn die Kleinen vor den Dicken durch sind, können sie aus dem Topf genommen werden, während der Rest noch weiterkocht. Auf diese Weise ist es möglich, alle Kartoffeln auf den Punkt zu garen. Mit einem Messer, das man vorsichtig in die Kartoffeln sticht kann geprüft werden, ob sie durch sind. Wird das Messer bis zur Mitte der Kartoffel eingestochen und hochgehoben, so sind die Kartoffeln durch, wenn sie von selbst vom Messer fallen. Dann herausnehmen, abschrecken und zum Abkühlen nebeneinander auslegen. Die Grumbieren dürfen sich dabei nicht berühren. Sind sie gerade noch handwarm, können sie weiterverarbeitet werden.

Die Zwiebel in eine Schüssel reiben. Die lauen Kartoffeln schälen, in mittelfeine Scheiben schneiden und in die Schüssel mit der geriebenen Zwiebel geben. Ein verstellbarer Gurkenhobel, über den die Kartoffeln gezogen werden, erleichtert das Schneiden immens und lässt alle Scheiben gleich dick werden.

Nun Salz, Pfeffer, ca. einen Teelöffel Senf, Öl und Essig hinzufügen. Kartoffelsalat benötigt übrigens sehr viel Salz.

Jetzt kommt der Trick mit der Fleischbrühe:

Wenn die Brühe auf einmal zugefügt wird, schwimmen die Kartoffeln darin und man bekommt bestenfalls eine kalte Kartoffelsuppe, der Salat jedoch ist verhunzt.

Die Brühe muss in kleinen Portionen zugeführt werden und nach jedem Schluck ist der Kartoffelsalat so lange umzurühren, bis die Flüssigkeit komplett aufgenommen wurde. Je weiter sie Zubereitung fortschreitet, desto keiner müssen die

Flüssigkeitszugaben werden. Ist der Salat schön sämig muss er nochmal abgeschmeckt und kann sofort verzehrt werden.

Handkäs mit Musik - wie ein Harzer Käse Gehalt bekommt

Aus einem Harzer Käse lässt sich allerlei machen, solange er nicht pur verzehrt wird. Für sich allein ist er nämlich im Allgemeinen eine trockene Angelegenheit. Gibt man ihm jedoch Musik mit auf den Weg, so verwandelt er sich flugs in ein herzhaft sattes Abendessen und das mit nur wenigen Handgriffen. Zusammen mit Vollkornbrot ergibt das ganze einen deftigen Genuss.

Zutaten

- Eine Harzer Rolle
- eine mittelgroße Zwiebel
- Essig
- Öl
- Kümmel
- Salz
- Pfeffer aus der Mühle

Zubereitung

Die Harzer Rolle in Scheiben trennen und diese halbieren, sodass aus einer Scheibe zwei werden. Die Rädchen auf einem Suppenteller gleichmäßig verteilen.
Zwiebel fein würfeln und über den Käserädchen gleichmäßig verteilen. Anschließend mit reichlich Pfeffer aus der Mühle, Kümmel und Salz schön würzen. Öl und Essig darüberschütten, ein bis zwei Stunden ziehen lassen und servieren.

Besonders lecker schmeckt es, wenn er schon am Vorabend angemacht wird und 24 Stunden im Kühlschrank ziehen kann. Durch den Essig und das Öl wird der Käse schön vollmundig und speckig.

Hühnerbeine - ein ungewöhnliches Rezept

Ralf veröffentlichte kürzlich in seinem Blog "Einfach mal selber kochen" ein raffiniertes Rezept mit dem Titel: "Mediterranes Ofengemüse mit Hähnchen". Das Rezept fasziniert und ich kochte es heute nach, mit kleinen Veränderungen. Der Trick, der mich an diesem Rezept so begeisterte war, dass Ralf seine Hühnerbeine nicht nur von außen sondern ebenfalls zwischen Haut und Fleisch würzte.

Zutaten

- 4 Hähnchenschenkel
- 1 kleine Zucchini, in 1/2 Scheiben geschnitten
- 1 kleine Aubergine in 1/4 Scheiben geschnitten
- 200 g kleine frische Champignons
- 5-6 Zehen Knoblauch, geschält und halbiert
- 3 Frühlingszwiebeln geschnitten
- 4 Tomaten in Schnitze geschnitten
- 100 ml Weißwein
- 100 ml Gemüsebrühe
- Kräuter der Provence
- Salz
- Pfeffer

für die Marinade

•60 g Butter auf Zimmertemperatur erwärmt

•1 El Paniermehl

•2 El Olivenöl

•2-3 Zehen Knoblauch gepresst

•Salz

•Pfeffer

•Kräuter der Provence

Zubereitung

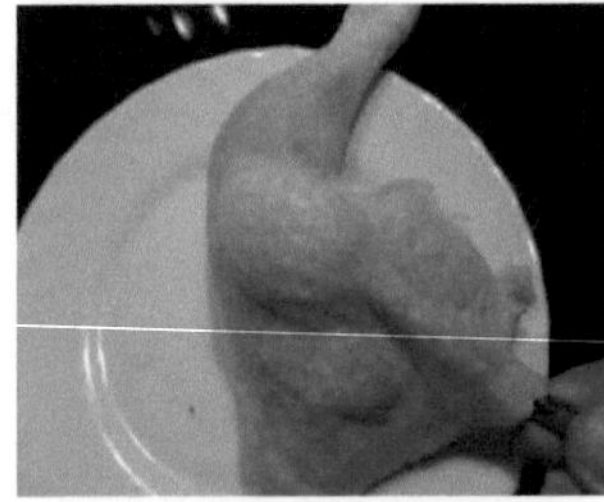
Haut mit einem Teelöffel lösen

Als erstes die Marinade:

Dazu wird die Butter auf einem Teller mit einer Gabel zerdrückt und flach ausgebreitet. Die restlichen Zutaten für die Marinade werden gleichmäßig darauf verteilt und anschließend wird alles zusammen mit der Gabel zu einer homogenen Paste vermischt.

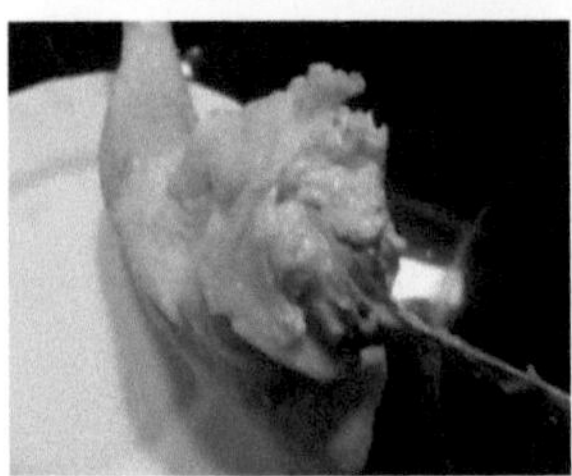
Hühnerbeine füllen

Die Hähnchenschenkel würzen:

Ein Teelöffel wird so tief wie möglich zwischen Haut und Fleisch geschoben. Auf diese Weise wird die Haut vom Fleisch abgehoben, sodass dazwischen eine Tasche entsteht.

In diese Taschen wird ein Teil der Marinade mit einem Teelöffel eingefüllt.

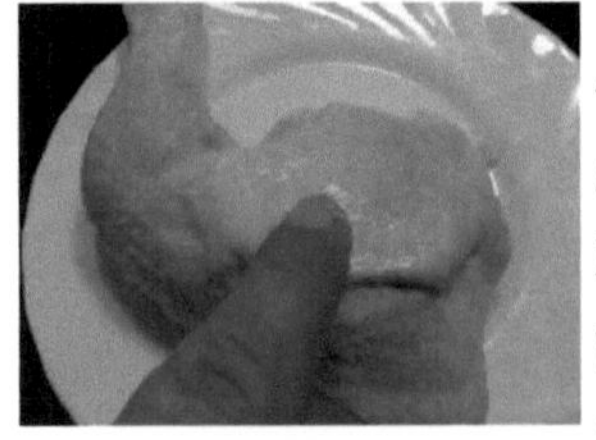
Marinade einmassieren

Anschließend mit den Fingern die Paste unter der Haut gleichmäßig einmassieren.

Mit dem Rest der Marinade die Schenkel gleichmäßig bestreichen.

Die Keulen garen:

Die Beinchen werden nun in eine Auflaufform geschichtet und 30 Minuten im 200 °C vorgeheizten Ofen auf mittlerer Schiene vorgebacken.
Nach der 1/2 Stunde die Auflaufform aus dem Ofen nehmen, die Keulen beiseite legen und alles Gemüse in der Auflaufform zusammen mit den Gewürzen, dem Weißwein und der Hühnerbrühe vermischen. Die Schlegel darauf verteilen.
Alles zusammen nochmal für ca. 30 Minuten fertig backen.
Zusammen mit einer Scheibe Toast oder Reis serviert und einem Gläschen Wein genossen ist dieses Rezept eine Ode auf die südeuropäische Küche.
Da aus dem Gemüse reichlich Flüssigkeit auskocht, sammelt sich in der Auflaufform viel Sud an. Wem dies zu viel ist, der kann die Gemüsebrühe weglassen und den Wein auf ein bis zwei Esslöffel einkochen. Eine weitere Variante wäre, den Sud vor dem Servieren mit etwas Schmand anzudicken.

gefüllte Putenbrust - leicht und lecker

Putenbrust für sich alleine ist meist fad und trocken. Trotzdem wäre es schade, wenn wir dieses Fleisch so einfach von unseren Tischen verbannten oder als zweitrangig betrachteten, denn ein paar einfache Handgriffe verwandeln die Putenbrust in eine beschwingende Delikatesse. Wird sie nämlich mit verschiedenen mediterranen Zutaten gefüllt, bekommt sie Saft und Geschmack. Wie wäre es zum Beispiel mit dieser Variante?

Zutaten

- eine Putenbrust, ca 1.000 g
- 4-5 Knoblauchzehen
- 7-8 in Öl eingelegte getrocknete Tomaten
- 15 Oliven (am Besten Kräuteroliven entsteint)
- 100 g Feta
- 1 El Kräuter (getrocknet, gerfroren oder frisch)
- Cayennepfeffer

- Salz
- Pfeffer
- Paprika
- Butter
- Senf

Zubereitung

Das Fleisch vorbereiten:

Die Putenbrust aufklappen und flach schneiden. Je nach Beschaffenheit muss aus dem Inneren eine Scheibe herausgeschnitten werden, so ist sie einfacher zu füllen. Das herausgeschnittene Fleisch wird benötigt um die Brust später zu verschließen. Die aufgeklappte Brust von innen mit Senf bestreichen und mit Salz, Pfeffer und Paprika würzen.

Die Füllung vorbereiten:

Knoblauchzehen schälen und halbieren. Getrocknete Tomaten, Oliven und Feta in feine Würfelchen schneiden. Alles zusammen in einer Schüssel vermengen und mit Kräutern, Cayennepfeffer, Salz und Pfeffer abschmecken.

Das Fleisch füllen:

Die Füllung auf der Putenbrust verteilen. Anschließend die Brust zuklappen und an der breiten Seite mit der zuvor herausgeschnittenen Scheibe Fleisch verschließen. Mit Küchengarn die Brust fest umwickeln, sodass ein kompakter Braten entsteht und alle Öffnungen verschlossen sind. Den Braten von außen mit Salz, Pfeffer und Paprika würzen und in eine Auflaufform legen. Die obere Seite mit Butter bestreichen.

Das Fleisch garen:

Die Brust in den 175°C (Ober- /Unterhitze) vorgeheizten Ofen schieben und auf mittlerer Schiene ca. 45 Minuten backen. Die Kerntemperatur der Füllung sollte bei 55 - 60 °C liegen. Ist die Temperatur erreicht, den Braten herausnehmen, das Küchengarn vorsichtig entfernen, mit Gefühl in Scheiben schneiden und servieren.

Dazu passt Reis und eine schmackhafte Weißweinsoße. Siehe dazu auch meine kleine Soßenkunde unter dem Label "Soßen" in der linken Spalte dieses Blogs.

Rote Beete Salat - wie er knackig wird

Rote Beete ist sehr gesund, vor allem soll sie äußerst wirksam gegen Krebs vorbeugen. Ich persönlich esse Rote Beete gerne als Salat. Leider lümmeln die meisten Rote Beete Salate labbrig zwischen den Zähnen und oft fehlt es auch an Würze. Deswegen mag ich ihn am Liebsten nach folgendem Rezept zubereitet, so ist er knackig und kräftig im Geschmack.

Zutaten

- 1 Packung Rote Beete, vorgekocht
- 1 kleine Zwiebel
- 2 mittelgroße Karotten
- 1 Teelöffel Senf
- Öl
- Essig
- Salz
- Pfeffer
- Maggi
- 1 Frühlingszwiebel, in feine Röllchen geschnitten.

Zubereitung

Die Zwiebel in eine Schüssel reiben.

Die Karotten ebenfalls in die Schüssel raspeln, oder in feine Stäbchen hobeln.

Die Rote Beete darüber raspeln oder in feine Stäbchen hobeln

Alles miteinender vermischen und mit Öl, Essig, Salz, Pfeffer, Senf und etwas Maggi gut abschmecken.
Anschließend kann der Salat noch mit Frühlingszwiebeln oder Kräutern garniert werden.

Bohnensalat - gesund und aus frischen Bohnen

Grüne Bohnen sind der Renner gegen Stress. Sie enthalten unter anderem einen hohen Anteil an Pantothensäure und sind somit Nerven- und Gehirnnahrung. Allem voran wirkt Pantothensäure als Anti-Stress Mittel. Besonders empfänglich ist der Körper ab 16:00 für dieses "Wundervitamin", deshalb empfiehlt es sich, einen knackigen Bohnensalat zum Abendessen zu servieren.
Doch Achtung! Grüne Bohnen dürfen niemals roh verzehrt werden, in diesem Zustand sind sie giftig. Erst wenn sie 12 bis 15 Minuten gekocht wurden, entwickeln sie ihre gesund Kraft.

Zutaten

- 250 g grüne Bohnen
- 1-2 Tomaten
- einige Zwiebelringe
- Öl
- Essig
- Salz
- Pfeffer
- Maggi

Zubereitung

Bohnen waschen und die Spitzen entfernen.

Bohnen in kochendem Salzwasser 12 - 15 Minuten garen. Ich persönlich esse sie am liebsten nach genau 12 Minuten. Da sind sie schon gar aber noch bissfest und knackig. Anschließend durch ein Küchensieb abgießen und schnell mit kaltem Wasser abschrecken. Je kälter das Wasser, desto appetitlicher die Farbe der Bohnen. Profis kühlen zum Abschrecken der grünen Stengelchen Wasser mit Eiswürfeln ab, damit es wirklich kalt ist.

Nach dem Abkühlen die Bohnen in eine Schüssel geben, Tomaten in kleine Spalten schneiden und mit den Bohnen vermengen. Mit Öl, Essig, Salz, Pfeffer und Maggi abschmecken und feinen Zwiebelringen garnieren.

Fleischbrühe - belebt die Seele und spendet Kraft

Wenn es draußen schmuddelig und kalt ist, wenn man durchgefroren nach Hause kommt, wenn eine Erkältung im Anmarsch ist und man sich so richtig danach seht, sich etwas Gutes zu tun, dann empfiehlt sich eine kräftige klare Fleischbrühe. Sie ist mit relativ wenig Handgriffen zubereitet, wärmt den Körper und belebt die Seele. Als Einlage nehme ich gerne Nudeln, aber die Möglichkeiten sind so gut wie endlos. Seien es nun Backerbsen, Flädle, Grießklößchen, Maultaschen, Brätklöße, Eierstich, etc.; jede Einlage gibt der Brühe eine eigene Note.

Wichtig ist, Fleisch von älteren Tieren zu bekommen. Es bedarf zwar längerer Garzeit, verleiht der Brühe dafür aber einen wesentlich herzhafteren Geschmack als das Fleisch von Jungtieren. Der Metzger berät in der Regel gerne. Gute Erfahrungen habe ich auch mit dem Suppenfleisch von Aldi Süd und Lidl gemacht, das es leider nur zur Winterzeit gibt.

Rindfleischsuppe sollte im Schnellkochtopf zubereitet werden, das Fleisch wird darin weicher und der Geschmack wesentlich intensiver als in einem normalen Topf. Wer keinen Dampfdrucktopf hat, kann auch einen normalen Topf nehmen, die Garzeiten verlängern sich dann allerdings erheblich.

Zutaten

- •500 g Suppenfleisch
- •3-4 Suppenknochen, am Besten Markknochen
- •etwas Sellerie
- •eine große Zwiebel
- •eine kleine Stange Lauch
- •eine Stange Liebstöckel kann dazu gegeben werden
- •2-3 Karotten
- •etwas gewiegte Petersilie
- •einen Brühwürfel
- •2 gehäufte Teelöffel Salz

Zubereitung

Das Wasser in den Kochtopf füllen und das Fleisch ins kalte Wasser legen.

Hier streiten sich die Geister. Viele sind der Meinung, das Fleisch dürfe nur ins kochende Wasser. Das ist meines Erachtens richtig, wird ein Tafelspitz zubereitet. Bei einer Fleischbrühe hingegen bin ich der Meinung, dass das Fleisch wesentlich mehr Geschmack an die Brühe abgibt, wenn es schon dem kalten Wasser beigegeben wird.

Wasser und Fleisch zum Kochen bringen. Wenn das Wasser kocht, die Hitze reduzieren und den Schaum von der Oberfläche immer wieder abschöpfen.

Zwischenzeitlich das Gemüse putzen und zerkleinern.

Wenn sich kein Schaum mehr auf der Oberfläche bildet, Gemüse, Salz und Brühwürfel dazugeben, den Deckel schließen und beim zweiten Ring 45 Minuten kochen lassen.

Nach der Garzeit den Druck ablassen. Das geht recht schnell, wenn der Druckkochtopf unter fließend kaltes Wasser gehalten wird.

Mit dem Schaumlöffel Knochen, Lauch, Liebstöckel und Sellerie herausholen und wegschmeißen.

Das Fleisch herausnehmen, in Würfel schneiden und wieder in den Topf geben.

Wer mag kann das Fett von der Oberfläche abschöpfen. Am einfachsten entfettet man eine Suppe, lässt man sie über Nacht abkühlen. Das Fett härtet dann an der Oberfläche aus und kann bequem abgehoben werden.

Nun noch die gewünschte Einlage der heißen Suppe beifügen, mit der Petersilie dekorieren und genießen.

Heringsstippe - sie muss nicht nur aus Sahne sein

Heringsstippe oder "Matjes nach Hausfrauenart" lässt sich wunderbar vorbereiten und ist in Verbindung mit Pellkartoffeln genauso schmackhaft wie gesund. Vorausgesetzt, die Stippe besteht nicht nur aus Sahne. Natürlich gehört etwas Sahne oder "creme freche" hinein, aber etwas genügt vollkommen. Der größte Teil der Stippe kann mit Naturjoghurt hergestellt werden, so wird sie bekömmlich und schmeckt genauso gut wie ihre sahnige Artgenossin, wenn nicht sogar noch besser.

<u>Zutaten</u>

- 500 g Matjesfilets
- 1 große Zwiebel
- 1 Apfel
- 2-3 saure Gurken
- 600 g Joghurt natur
- 2 Esslöffel creme freche
- Lorbeer
- Wacholderbeeren
- weißer Pfeffer

- Petersilie

Zubereitung

Den Joghurt in eine Schüssel geben.

Die Zwiebeln in feine Ringe schneiden und dem Joghurt beifügen.

Mit ein bis zwei Lorbeerblättern, einigen Wacholderbeeren und weißen Pfeffer würzen.

Den Apfel schälen, vierteln, das Kerngehäuse entfernen und mit dem Gurkenhobel über die anderen Zutaten hobeln.

An dieser Stelle sollten die sauren Gurken ebenfalls klein geschnitten und beigegeben werden. Ich esse die Stippe lieber ohne saure Gurken, deswegen habe ich sie weggelassen. Die Matjesfilets in mundgerechte Stücke schneiden und ebenfalls in die Schüssel geben. Sollten sie zu salzig sein, müssen sie vorher 1-2 Stunden gewässert werden.

creme freche darüberschütten.

Nun alles gut durchrühren und auf keinen Fall salzen. In der Regel enthalten die Matjesfilets genug Salz, das sie abgeben, während die Stippe durchzieht.

Soweit zur Vorbereitung. Noch schmeckt das Ganze jedoch nach gar nichts, denn das Aroma entwickelt sich erst. Dazu lässt man alles 5-6 Stunden ziehen und rührt von Zeit zu Zeit kräftig durch. Ich bereite die Matjesfilets meist schon am Morgen vor. Zum Abendessen nur noch schnell ein paar Pellkartoffeln abkochen, die Speise appetitlich auf einem Teller anrichten und mit etwas Petersilie dekorieren.

Wie gesagt, normalerweise ist es nicht erforderlich nachzusalzen. Deswegen erst kurz vor dem Servieren abschmecken und gegebenenfalls noch eine Prise Salz hinzufügen.

Ossobuco alla milanese - nicht mit Kalb sondern mit Rind

Während meiner Zeit in Äthiopien lernte ich das Gericht "Ossobuco alla milanese" kennen und lieben. Dort leben noch viele Nachfahren aus der Zeit der "italienischen

Kolonisation", entsprechend prägen vielerorts italienische Kulinarien Küche und Gastronomie.

Es gibt viele unterschiedliche Zubereitungsarten, doch eines haben alle gemeinsam: Kalbshaxe und Tomaten.

Heute erblickte eine hervorragend aussehende Beinscheibe in der Auslage meines Metzgers. Dabei kam mir die Idee, "Ossobuco alla milanese" mal mit einer Beinscheibe vom Rind zu versuchen. Rind schmeckt nämlich herzhafter, ist dafür aber schwieriger zart zu bekommen. Deswegen entschied ich mich für den Schnellkochtopf. Meine Familie verputzte alles, bis zum letzten Reiskorn und alle waren begeistert.

Zutaten

- 2 Beinscheiben
- Eine Dose gehackte Tomaten
- 1/4 Liter Rotwein
- 1 große Zwiebel
- 2 große Knoblauchzehen
- 1/2 Schote Paprika, rot
- einen Brühwürfel
- Salz
- Pfeffer
- 2 Teelöffel italienische Kräuter
- Olivenöl
- einen gehäuften Teelöffel Maizena (Speisestärke) in kaltem Wasser gelöst

Zubereitung

Die Dose Tomaten in den Schnellkochtopf schütten und . Die Beinscheiben mit Olivenöl einpinseln und mit Pfeffer kräftig würzen.

Die Beinscheiben in einer heißen Pfanne anbraten, bis sie schön braun sind.

Aus der Pfanne nehmen und zu den Tomaten in den Schnellkochtopf legen.

Die Zwiebeln schälen, vierteln und in Schnitze teilen, den Knoblauch schälen und in Scheiben schneiden, den Paprika in grobe Würfel schneiden. Etwas Olivenöl in dieselbe Pfanne geben und Zwiebeln, Paprika und Knoblauch bei mittlerer Hitze darin anbräunen.

Alles mit dem Wein ablöschen und etwas einköcheln lassen. Mit einem Holzlöffel die verbliebenen Röststoffe vom Boden der Pfanne lösen.

Die Mischung in den Schnellkochtopf füllen. Deckel drauf uns alles beim zweiten Ring 30 Minuten garen lassen. Nach der Garzeit den Druck unter kaltem Wasser schnell abbauen und die Beinscheiben mit dem Schaumlöffel herausnehmen und auf einem Teller anrichten. Dabei ist allerhöchste Vorsicht geboten, denn das Fleisch fällt im wahrsten Sinne des Wortes vom Knochen. Die Tomatensoße mit der in Wasser aufgelösten Stärke andicken. Nochmal kurz aufkochen und über dem Fleisch drapieren.

Als Beilage passt Reis sehr gut. Versucht es einmal. Das Gericht ist mit wenig Aufwand herzustellen und schmeckt einfach delikat.

Pastinakensüppchen - eine edle Raffinesse

Kürzlich kam meine Frau von einem Abendessen aus einem Restaurant in unserer Gegend nach Hause. Ich war schon ganz gespannt, was sie so alles berichten würde, denn der Inhaber dieser kulinarischen Verwöhnstätte war ein "Sternekoch". Besonders erstaunte mich, dass die Vorsuppe es ihr am meisten angetan hatte. Es gab nämlich eine Pastinakensuppe. Ich muss zugeben, ich kam vorher noch nie auf die Idee, aus der weißen Wurzel eine Suppe zu bereiten, war allerdings von der Idee sehr angetan. Also startete ich gleich mit folgender Kreation.

Zutaten

•3/4 Liter Gemüsebrühe

•500 g Pastinaken

•1 Zwiebel

•2 Knoblauchzehen

•2 EL creme freche

•etwas Petersilie

•etwas Butter

•1 Lorbeerblatt

•Muskat

•weißer Pfeffer

•Salz

Zubereitung

Pastinaken, Zwiebeln und Knoblauch schälen und in Stücke schneiden. In einem stabilen Topf wird das Wurzelgemüse mit etwas Butter glasig geschwitzt und hernach mit der Fleischbrühe abgelöscht. Zusammen mit dem Lorbeerblatt wird das Gemisch nun bei niedriger Hitze und geschlossenem Deckel ca. 1 Stunde leicht köcheln gelassen.Wenn alles schön weich ist, den Topf von der Herdplatte nehmen, das Lorbeerblatt entfernen und den Inhalt mit einem Pürierstab oder Mixer pürieren.

Das Püree anschließend durch ein Sieb streichen, damit die Potage schön glatt wird. Zurück im Topf die "creme freche" unterrühren und mit Salz, Muskat und weißem Pfeffer herzhaft abschmecken. Anschließend auf einem Teller mit gewiegter Petersilie dekorieren.

Ente nach der Niedrigtemperaturmethode garen - ein Experiment

Ich hatte schon immer einen Hang, Fleisch bei niederen Temperaturen zu garen - es bleibt dabei einfach saftiger und wird zarter. Das erste mal kam ich ganz zufällig darauf, als ich eine Ziege in einem defekten Gasofen zubereitete. Das spielte sich in einem Wochenendhaus am "Lake Langano" in Äthiopien ab. Bei diesem Ofen wurde die Isolierung entfernt, sodass er kaum mehr als 100°C zustande brachte. Als ich eine frische geschlachtete Ziege zerlegt darin zubereitete, ließ ich sie fast 6 Stunden in der Röhre, bis sie mir gar schien. Das Ergebnis war überwältigend, das Fleisch bestach das Auge durch optimale Bräunung und es war so zart, dass man ein Messer hatte durchfallen lassen können.

Dieses Jahr zu Weihnachten hatten wir keine Gäste, sodass es mir vergönnt war, mal mit dem Federvieh zu experimentieren. So entschied ich mich, eine Ente unter 100°C zu backen. Das Ergebnis war zwar sehr lecker, aber an die Ziege kam es nicht heran.

Folgendermaßen bin ich vorgegangen:

Die Innereien der Ente hatte ich entnommen und das Vieh mit Salz Pfeffer und Paprika gewürzt. Anschließend in den auf 90°C vorgeheizten Ofen geschoben, ca. 4 Stunden darin belassen und von Zeit zu Zeit mit dem heraus gelaufenen Fett begossen. Nach der Garzeit maß ich eine Kerntemperatur von ca. 73 °C. Nun noch schnell die Haut mit Salzwasser bepinselt und den Ofen auf 200°C Oberhitze aufgeheizt. Nach 5 Minuten war die Haut schön braun und knusprig.

Die Ente schmeckte zwar hervorragend, sie war saftig und nicht zäh, aber nicht so zart, wie ich es mir erhoffte. Beim nächsten Versuch werde ich das Tier noch eine Stunde länger im Ofen lassen und sehen was dabei herauskommt.

Außerdem werde ich in Zukunft das Paprikapulver weglassen. Wie man nämlich auf den Bildern (leider nur im Blog verfügbar) wunderbar sehen kann, werden die mit Paprika bestreuten Stellen schnell schwarz. Ich schrieb darüber bereits in meinem Artikel "Paprikapulver - ein großartiges Gewürz".

Zürcher Geschnetzeltes aus Pute - delikat und günstig

Über Kalbfleisch lässt sich trefflich streiten. Sicher, es ist zart. Aber damit hat es sich meines Erachtens auch schon, abgesehen von der Gelatine, die man aus Kalbsknochen gewinnen kann. Aber das funktioniert auch gut mit Schwein.

In meiner Jugendzeit verbrachte ich den größten Teil meiner Ferien auf dem Bauernhof meines Onkels, der Viehzucht betrieb. Von daher habe ich die Kälbchen noch gut in Erinnerung und der Gedanke, so junge Tiere zu verzehren, behagt mir nicht. Kurzum: sie tun mir leid. Und das, obwohl ich gerne Fleisch esse und in der Regel weniger Mitleid mit den Tieren habe, denn Respekt. Jeder sollte sich bewusst machen, dass ein Tier sein Leben gegeben hat, damit wir sein Fleisch essen können. Aber so junge Tiere wie Kälbchen? Muss das sein?

Doch soll mich diese Einstellung nicht von jenen schmackhaften Rezepten abhalten, denen Kalbfleisch als Grundlage dient. Wie "Ossobucco alla milanese" oder eben "Zürcher Geschnetzeltes". Während beim Ossobucco das Rind eine herzhafte Alternative zum Kalbfleisch darstellt, geht es beim "Zürcher Geschnetzelten" nicht so deftig her. Feines Pilzaroma und ein leichter Gout von trockenem Weißwein bildet die Substanz bei diesem Gericht und darf keinesfalls von zu herzhaftem Fleischgeschmack überdeckt werden. Deswegen eignet sich Pute dafür hervorragend und ist nebenbei noch wesentlich günstiger als Kalb.

Zutaten

- 500 g Putensteaks
- 1 große Zwiebel gewürfelt
- 200 g braune Champignons geviertelt
- 1/2 Pepperoni (wer es gerne pikant mag)
- 1 Lorbeerblatt
- Petersilie fein gewiegt
- 2-3 Esslöffel creme freche

•1/4 Liter trockenen Weißwein

•1/4 Liter Fleischbrühe oder Fond

•1 gehäuften Teelöffel Stärkemehl (Maizena) in einem Schluck kalten Wasser gelöst

•Salz

•weißer Pfeffer

Zubereitung

Das Fleisch in Streifen schneiden und mit Butter in einer heißen Pfanne leicht anbräunen, nicht zu stark. Das angebratene Fleisch zur Seite legen. In derselben Pfanne werden nun bei mittlerer Hitze die Zwiebeln glasig gedünstet und hernach die Champignons dazu gegeben. Alles zusammen 5-10 Minuten schmoren lassen, danach mit Wein und Fleischbrühe ablöschen.

Die Röststoffe vom Boden der Pfanne lösen und in den Sud rühren. Dafür eignet sich ein Kochlöffel aus Holz mit abgeschrägter Kante. Bei niedriger Temperatur das Gemisch 10 Minuten sieden lassen, in einen stabilen Topf umfüllen und das Lorbeerblatt hinzufügen. 1 Stunde bei geschlossenem Deckel köcheln, von Zeit zu Zeit etwas Wasser nachfüllen um die verkochte Flüssigkeit zu ergänzen. Wer es pikant mag, kann noch ½ Peperoni hinzufügen.

Am Ende der Garzeit creme freche unterrühren, mit der Speisestärke schluckweise andicken, und mit Salz und weißem Pfeffer abschmecken. Jetzt das Fleisch dazugeben und 10 Minuten bei minimaler Hitze ziehen lassen. Währenddessen die Petersilie unterrühren.

Achtung: Das Fleisch darf nicht kochen, sonst wird es trocken.

Zusammen mit Reis und einem schönen Glas Wein genießen.

Scharfe Sache - wie Salamireste lecker verarbeitet werden können

Manchmal passiert es, dass ich den Kühlschrank öffne, ein wenig lustlos darin herumsuche ob mich irgendetwas anspricht, den Kühlschrank wieder schließe nur um festzustellen, dass mich nichts, aber auch gar nichts darin ermutigt, ein leckeres Essen zuzubereiten.

Ganz anders gestern, es lümmelte nämlich schon seit Tagen eine große Chorizo vollkommen ungegessen in meinem Kühlschrank herum. Bedauerlicherweise beinhalten Chorizos, Coppas, Salamis und so weiter leider meist so viel Fettklumpen, dass ich in der Regel nicht viel am Stück davon esse. Besonders Chorizos neigen dazu, so auch das Exemplar aus meinem Kühlschrank.

Doch schon als ich die spanische Wurst geschenkt bekam dachte ich mir im Stillen:"Aus dir mach ich eine 'scharfe Sache'". Dabei wird nämlich ein Großteil des Fettes in einer Pfanne aus der Wurst geschwitzt und abgeschöpft. Der Rest ergibt ein lecker pfiffiges Gericht und so geht's.

Zutaten

- Eine große Chorizo oder Salamireste
- mehrere Zehen Knoblauch
- 1-2 Zwiebeln
- 3 Schoten Paprika
- 1 scharfe Peperoni
- mehrere Kirschtomaten
- Salz
- Pfeffer
- Paprikapulver
- 1/2 Liter Fleischbrühe

- 1 El Tomatenmark
- 1/2 Teelöffel Senf mittelscharf
- 1 Teelöffel in kaltem Wasser gelöste Speisestärke (Maizena)
- etwas gewiegte Petersilie zum dekorieren

Zubereitung

Die Chorizo in halbe Ringe schneiden und in einer Pfanne bei mittlerer Hitze so lange anschwitzen, bis kein Fett mehr auskocht. Das ausgelaufene Fett mit einem Löffel abschöpfen und wegschütten. Die Chorizostückchen aus der Pfanne auf einem Küchenkrepp entfetten und zusammen mit den halbieren Knoblauchzehen in einen Topf geben.

Zwiebeln und Paprikaschoten in Streifen schneiden, Tomaten halbieren, Peperoni in Streifen schneiden und mit dem Knoblauch alles zusammen in der Pfanne bei mittlerer Hitze anbräunen. Mit der Fleischbrühe ablöschen und gut durchrühren. Dabei darauf achten, dass sich die Röststoffe vom Boden der Pfanne lösen und von der Flüssigkeit aufgenommen werden.

Alles zusammen in einem Topf mit Salz, Pfeffer, Paprika, Tomatenmark und Senf abschmecken, bei geschlossenem Deckel ca. 15 bis 20 Minuten leicht köcheln lassen und andicken. Zum Andicken den Topf vom Herd nehmen, die gelöste Speisestärke schluckweise unterrühren, und kurz aufkochen lassen, bis die gewünschte Beschaffenheit erreicht ist. Zusammen mit Salzkartoffeln auf einem Teller anrichten und mit Petersilie dekorieren.

Elsässer Flammkuchen - nicht deutsch, nicht französisch

Kürzlich waren wir im Elsass, in der Töpferstadt Soufflenheim. Gute Bekannte von der Schwäbischen Alb begleiteten uns und wir schlenderten so durch die Straßen, begutachteten die vielen ausgestellten Töpferwaren und genossen das gute Wetter. Plötzlich wurden wir einen kleinen Imkerstand an einer Straßenecke gewahr. Eine Dame aus unserer Gruppe, mit den Gepflogenheiten der Gegend wenig vertraut,

fragte den Imker nach einem speziellen Honig, den sie bisher nur aus Südfrankreich kannte, in der Annahme, sie sei in Frankreich.
Der Imker, sichtlich erbost über diese Frage, antwortete mit bittrer Mine in breitem Elsässisch: "Junge Dame, diesen Honig, nach dem sie suchen finden sie nicht hier, dazu müssen sie schon nach Frankreich gehen."
So auch Flammkuchen, sie sind weder deutsch noch französisch sondern eben elsässisch und sehr sehr lecker. Wer sie selber machen möchte, kann das mit ganz wenigen Handgriffen schnell erledigen und hat immer ein dankbares Essen, wenn mal Gäste auf ein "Besüchle" vorbeischauen.

Zutaten für den Teig

- 1-2 Esslöffel Öl
- 125 ml Wasser
- etwas Salz
- 250 g Mehl

Zutaten für den Belag

- feine Zwiebelringe
- Speckwürfel
- geriebener Käse
- gewiegter Knoblauch
- creme freche
- Quark 20%

Zubereitung

Öl, Wasser, Salz und Mehl zu einem glatten Teig verkneten, in ungefähr pizzagroße Fladen hauchdünn ausrollen und auf ein mit Backpapier ausgekleidetes Backblech legen. Wer einen gut sortierten Supermarkt vor der Haustüre hat, kann auch fertige Flammkuchenböden kaufen.

Für den Belag muss zunächst die Soße hergestellt werden. Dazu wird creme freche und Quark zu gleichen Teilen gut gemischt und anschließend mit Salz und Pfeffer kräftig abgeschmeckt. Pro Flammkuchen in Pizzagröße ca. 100g Soße gleichmäßig aufstreichen. Mit Zwiebelringen und Speck belegen.

Bis hierher haben wir einen klassisch elsässischen Flammkuchen. Als Variante kann noch Knoblauch oder etwas geriebener Käse zugegeben werden. Nun kommt der Geselle bei höchster Stufe in den vorgeheizten Ofen und wird je nach Herd 5 - 15 Minuten knusprig gebacken.

Zum Nachtisch kann ein Flammkuchen anstatt mit Zwiebeln, Speck und Knoblauch auch mit fein gehobelten Äpfeln, Zimt und Zucker belegt und nach dem Backen mit Calvados flambiert, serviert werden.

Ein knackiger Salat zum Abendessen - elegant, delikat und gesund

Heute fand ich in unserem Gemüsekorb ein kleines Schälchen Kirschtomaten, die ich gerne zu einem Salat verarbeiten wollte. Als ich so über das Thema sinnierte, kam mir plötzlich der Gedanke, zu diesem schnellen Salat.

Zutaten

- 500 g Kirschtomaten
- 125 g Mozzarella
- 1/2 grüne Paprikaschote
- 1 Schalotte

- Basilikum gehackt (frisch oder aus der Tiefkühltruhe)
- Olivenöl
- 1-2 Esslöffel Zitronensaft
- Salz
- Pfeffer
- einige Basilikumblätter zur Dekoration

Zubereitung

Tomaten waschen, abtropfen lassen und halbieren. Mozzarella in Würfel, Schalotte in feine Ringe und Paprika in kleine Stifte schneiden. Alles zusammen in einer Schüssel mit Zitronensaft, Salz, Pfeffer und gehacktem Basilikum würzen und vorsichtig durchmischen. Basilikumblätter auf dem Salat verteilen und servieren.

Antipasti - Vorspeise mal italienisch

Eines der herausragenden Merkmale italienischer Küche sind ihre raffinierten Vorspeisen. Eingelegtes, sauer Angemachtes, Gesottenes und Gebratenes, Zucchini, Auberginen, Tomaten, Oliven, Zwiebeln und jedes für sich oder miteinander aufs feinste abgestimmt und nach ausgeklügelten Rezepten zubereitet. Ein einzigartiger Hochgenuss und dazu noch gesund.

Wer in unserem tristen deutschen Winter einen kleinen kulinarischen Ausflug ins sonnenverwöhnte Italien machen möchte, dem sei folgende Vorspeise ans Herz gelegt:

Zutaten

- 5-6 Schalotten
- 3-4 Karotten
- eine rote, gelbe und grüne Paprikaschote

- •eine ganze Knolle Knoblauch
- •eine kleine Zucchini
- •Olivenöl
- •Salz
- •Pfeffer
- •2 - 3 Lorbeerblätter
- •frischer Rosmarin
- •2-3 Löffel Balsamico
- •einen Teelöffel Zucker
- •eine Peperoni

Zubereitung

Das Geheimnis dieses Rezeptes liegt darin, die einzelnen Zutaten behutsam anzubraten, jede mit der ihr optimal zugemessenen Temperatur und Garzeit.

Doch zunächst muss das Gemüse vorbereitet werden.

Dazu alles ordentlich waschen und trocknen.

Schalotten schälen und ganz lassen.

Karotten schälen und in Stifte schneiden.

Paprikaschoten entkernen und in mittelgroße Spalten zerteilen.

Knoblauchknolle ungeschält vierteln.

Zucchini in Stifte schneiden.

2-3 Esslöffel Olivenöl in einer Pfanne auf mittlere Temperatur erhitzen.

Zunächst die Schalotten und den Knoblauch darin 10 Minuten anbräunen, mit Salz und frischem Pfeffer aus der Mühle würzen, von Zeit zu Zeit wenden, herausnehmen und in eine Schüssel geben.

Im selben Öl Peperoni und Paprikaspalten von allen Seiten, den Paprika vor allem auf den Schnittflächen, ca. 15 Minuten braten, mit Salz und frischem Pfeffer aus der Mühle würzen, herausnehmen und zu den Schalotten in die Schüssel legen. Hier gilt es sehr vorsichtig zu sein und die Temperatur niedrig zu halten, sonst wird der Paprika schnell unansehnlich oder schwarz.

Wiederum 2-3 Esslöffel Öl in die Pfanne füllen und die halbierten Karottenscheiben darin 10 Minuten rösten. Nach 7 Minuten die Zucchinistifte dazugeben und diese die verbleibenden 3 Minuten zusammen mit den Möhren brutzeln, mit Salz und frischem Pfeffer aus der Mühle würzen, herausnehmen und ebenfalls ab in die Schüssel.

Nochmal 3 Esslöffel Olivenöl in die Pfanne füllen, Lorbeerblätter, Rosmarin, Balsamicoessig und Zucker dazugeben, alles 1-2 Minuten schmurgeln lassen und in die Schüssel über das Gemüse gießen. Vorsichtig durchmischen und ein bis zwei Stunden bei Zimmertemperatur ziehen lassen[19].

Cotoletta Toscana - gratiniertes Schweinekotelett auf südländische Art zubereitet

Zu der italienischen Vorspeise aus meinem letzten Post gehört konsequenterweise auch eine italienische Hauptspeise.

Wie wäre es denn mir einem Cotoletta-Toscana?

Kräftiges Fleisch, in einem Nest aus Bandnudeln, auf Tomaten-Champignonsauce, mit Kirschtomaten bereichert und würzigem Käse gratiniert?

Letztes Wochenende habe ich mich an diesem Rezept versucht: zum reinlegen.

Zutaten

- 250 g Bandnudeln
- 4 Koteletts
- 250 g Champignons
- 1 Schalotte
- 2-3 Knoblauchzehen
- einige Zweiglein Rosmarin

19 Kulinarisches aus Italien, Moewe Verlag

- Basilikum
- Olivenöl
- 500 g passierte Tomaten
- 6 Kirschtomaten
- creme freche
- Pfeffer
- 1 kräftige Prise Zucker
- 2-3 Esslöffel Sherry
- 150 g geriebenen Gratinkäse
- Pfeffer
- Salz

Zubereitung

Nudeln abkochen, sodass sie noch al dente sind und in einer Auflaufform zu einem Nest formen. Koteletts entbeinen, pfeffern, in Olivenöl anbraten und beiseite legen. Champignons putzen und in Hälften teilen. Schalotte und Knoblauch schälen und fein würfeln. Einen Teil der Kräuter zwecks späterer Dekoration beiseite legen, vom Rest die Stiele entfernen und fein hacken. Tomaten waschen und halbieren.

Im Öl von den angebratenen Koteletts Schalotten und Knoblauch anbräunen, Champignons und Kräuter dazugeben und einige Minuten dünsten. Mit den passierten Tomaten ablöschen, den Sherry dazugeben und 15 - 20 Minuten leise einköcheln lassen. 2 Esslöffel creme freche unterrühren und mit Salz und Pfeffer abschmecken. Die Soße in die Auflaufform füllen, in die Kule des Nestes der Bandnudeln. Koteletts und Kirschtomaten auf der Soße schön anrichten und mit dem Käse bestreuen.

Im vorgeheizten Backofen bei 200 ° C 10 - 15 Minuten überbacken, mit den restlichen Kräutern garnieren und servieren. Dazu gehört natürlich ein herber italienischer Rotwein[20].

20 Idee aus „Kulinarisches aus Italien“, Moewe Verlag

Schäufele - einfach zubereiten und herzhaft essen

Ich hab's gerne geräuchert. Nicht zu stark natürlich, aber ein Hauch des rauchigen Geschmacks im Essen ist eine nette Abwechslung und belebt die Geschmacksnerven. Doch nicht nur der Gout hat es in sich, auch ist das Schäufele mit nur wenig Handgriffen zuzubereiten und ein weiterer Vorteil: Im abgepackten Zustand ist es zum Einen lange haltbar und zum Anderen verdirbt es nicht gleich, wenn es mal eine Zeit lang ohne Kühlung transportiert wird. Das macht dieses Fleisch zu einem dankbaren Gericht für Camping oder Ferienwohnung.

Doch nicht nur da, auch zu Hause ist ein Schäufele schnell gekocht und ergibt eine herrliche Soße.

Ich bereite es folgendermaßen zu:

Zutaten

- Schäufele 500 - 700 g
- eine große Zwiebel
- ein Lorbeerblatt
- einige Pfefferkörner
- eine Nelke
- einige Wachhoderbeeren
- einige Körner Piment
- 1/2 Liter Wasser

Zubereitung

Wasser in einen Topf füllen und das Schäufele hineinlegen. Zwiebel schälen, vierteln und zusammen mit den Gewürzen in den Topf zum Schäufele geben. Zum Kochen bringen, den Deckel schließen und bei niedriger Hitze 3/4 Stunden sieden lassen. In Scheiben schneiden und servieren.

Das extravagante dabei ist der entstehende Sud. Durch das Sieb gegossen dient er hervorragend als Basis für eine schmackhafte Soße. Wer es etwas aufwendiger möchte macht sich eine kräftige Einbrenne, löscht sie mit dem Sud ab und bereitet daraus eine himmlisch rauchige Soße.

Wer es eilig hat oder den Rauchgeschmack mit weniger Aufwand an eine Soße binden möchte, der rührt einfach ein Päckchen fertiges Soßenpulver in den Sud und dickt noch etwas mit Soßenbinder oder Stärke (in Wasser gelöst) nach.

Dazu gehört natürlich ein "schwäbischer Kartoffelsalat" oder einfach nur Salzkartoffeln.

Guacamole – mexikanisch, cremig, verführerisch

Mexiko live auf dem Küchentisch - das ist Guacamole. Wir lieben diese herzhafte Creme aus Avocados, Gewürzen und Kräutern. Leider ist es in Deutschland sehr schwer, das Originalrezept zu verwirklichen, denn es gehört frischer Koriander dazu. Und den bekommt man bei uns fast nirgendwo. Ich war in weiß Gott wie viel Läden um mich nach Koriander zu erkundigen, leider vergeblich. So sah ich mich gezwungen, auf Petersilie auszuweichen. Schmeckt auch gut, aber der belebende Geschmack des anscheinend sehr absonderlichen Krautes fehlt einfach. Ich denke, das leckere Grün müsste sich auch im Blumentopf ziehen lassen, das werde ich demnächst ausprobieren. Nichts desto trotz gehört Mexiko von Zeit zu Zeit auf den Küchentisch, also lassen wir uns nicht verdrießen und schreiten einfach zur Tat.

Zutaten

- 2 reife Avocados (sie müssen sich wie reife Pfirsiche mit dem Daumen leicht eindrücken lassen)
- 1/2 Bund frischer Koriander oder etwas Petersilie
- 2-3 Esslöffel Limetten- oder Zitronensaft

- 1/2 kleine Zwiebel
- 1-2 Chilis
- 1 Esslöffel Olivenöl
- 1 Teelöffel gemahlener Koriander
- Salz
- Pfeffer aus der Mühle

Zubereitung

Avocados in zwei Hälften schneiden, auseinanderbrechen, den Stein entfernen, mit einem Teelöffel das Fruchtfleisch ausschaben und in einer Schüssel sammeln. Sofort mit dem Limettensaft beträufeln, damit das Fruchtfleisch sein kräftiges Grün behält und nicht oxidiert.

Koriandergrün bzw. Petersilie fein wiegen, Zwiebeln fein würfeln, Chilis im Mörser zerreiben und alles in die Schüssel zum Avocadofleisch füllen. Olivenöl und gemahlenen Koriander dazu, mit einer Gabel grob zerdrücken und anschließend mit dem Pürierstab oder in einem Mixer zu Püree verarbeiten. Mit Salz und Pfeffer abschmecken. Dazu passen Tortilla-Chips oder einfach nur frisches Baguette.

Beamtenstippe – schnelles Essen für die ganze Familie

Beamten waren vor Zeiten eher arm. Im Gegensatz zu heute, wo der Staat bzw. das Land die Fürsorgepflicht auch wahr nimmt, fristeten in früheren Zeiten Staatsdiener eher ein Schattendasein am Rande der Gesellschaft, zumindest was den Wohlstand betraf. Weniger ernst genommen und stets ein willkommener Anlass zum Spott, hatten jene Gestalten wenig Hab und Gut, selbst am Essen musste gespart werden. So ist wohl auch folgendes Gedicht entstanden:

Beamtenweihnacht

Der Gabentisch ist öd und leer,
die Kinder schauen blöd umher.
Da lässt der Vater einen krachen,
die Kinder fangen an zu lachen.
So kann man auch mit kleinen Dingen
Beamtenkindern Freude bringen.

Fleisch war Mangelware und wenn etwas zur Verfügung stand, so wurde es gern klein geschnitten, angebraten, mit Zwiebeln verlängert und mit viel Wasser aufgestreckt. Dazu kamen Kartoffeln auf den Tisch, denn sie gab es in der Regel viel und günstig. "Beamtenstippe" hieß das damals. Und so kann man es auch heute noch nennen, doch zwischenzeitlich wird nicht kärglich gestrecktes Fleisch sondern eher eine mächtige Portion Gehacktes die Pfanne füllen. So entwickelte sich aus einem "Armeleuteessen" ein ordentliches Mittagsmahl, schnell zubereitet und auch Kindern eine willkommene Speise.

Zutaten

- 500 g gemischtes Hackfleisch
- 1 große Zwiebel
- Öl
- 1/2 Liter Fleischbrühe
- Salz
- Pfeffer
- Paprikapulver
- 1 Teelöffel Tomatenmark
- 1 Teelöffel Senf

•evenuell ein bis zwei Chilischoten

•1 Teelöffel Speisestärke

•etwas Petersilie zur Dekoration

•Kartoffeln

•Milch

•Muskatnuss

Zubereitung

Zwiebeln würfeln und mit einem Esslöffel Öl in einer heißen Pfanne glasig dünsten. Das Hackfleisch zusammen mit den Zwiebeln kräftig anrösten, bis es braun ist. Mit Fleischbrühe ablöschen, Tomatenmark und Senf einrühren und mit Salz, Pfeffer und Paprika würzen. Zum Kochen bringen und bei schwacher Hitze 15 Minuten köcheln lassen. Wer es gerne scharf mag, dem sei empfohlen ein oder zwei Chilis mitkochen zu lassen. Kurz vor dem Servieren die Speisestärke in etwas kaltem Wasser lösen und schluckweise einrühren um die Stippe zu binden.

Aus Kartoffeln, Milch und Muskatnuss Kartoffelbrei zubereiten, ich schrieb darüber bereits in meinem Post "Kartoffelpüree selber machen - wie Vitamine und Mineralien erhalten bleiben".

Das Kartoffelpüree auf einem Teller zu einem Bett formen, mit der Stippe beschicken, dezent dekorieren und servieren.

Ofenkartoffeln – eine gesunde Alternative zu Pommes

In meinem Artikel "Die Kartoffel - ein vorbildliches Nahrungsmittel" schrieb ich bereits über die Erdäpfel als kalorienarme Vitaminspender. Leider sind bei Pommes nicht mehr viele davon übrig und außerdem triefen sie von ungesundem Fett. Siehe auch "gesunde Fette, ungesunde Fette - eine einfach verständliche Erklärung".

Wer gerne knusprige Kartoffelstifte isst und dabei auf ungesunde Kalorien verzichten möchte, nicht aber auf gesunde Vitamine, der kann auf Ofenkartoffeln ausweichen. Sie sind einfach zuzubereiten, schmecken als Beilage zu sehr vielen Gerichten und stellen eine echte Alternative zu Pommes dar.
Auch wir lieben diese crosse Art Grumbieren zu verspeisen, deswegen widme ich einen kurzen Post der Herstellung jener bezaubernden Delikatesse.

Zutaten

- 500 g Kartoffeln
- Salz
- Pfeffer aus der Mühle
- Paprikapulver
- 2-3 Esslöffel Oliven oder Rapsöl

Zubereitung

Kartoffeln schälen, waschen, trocknen, in Spalten schneiden und in eine Auflaufform legen.
Öl und Gewürze darüber verteilen und am besten mit den Händen gut durchmischen, bis die Kartoffelstücke gleichmäßig mit allem benetzt sind.
Auflaufform in den auf 175 - 200 °C vorgeheizten Ofen schieben. 1/2 bis 3/4 Stunden backen. Nach der Hälfte der Garzeit mit zwei Löffeln alles einmal gut aufmischen.
Wenn die kleinen gelben Häppchen goldbraun und knusprig sind, aus dem Ofen nehmen und servieren. Ein Stängelchen Petersilie eignet sich zur Dekoration für die Augen, die bekanntermaßen ja auch gerne mitessen.

Fladenbrot selber machen – wie vom Inder

Mit dem Fladenbrot in Deutschland ist das so eine Sache. Um es kurz zu machen, man bekommt es hierzulande schlichtweg nicht, es sei denn in einem teuren indischen Restaurant. Dort ist die Chance noch am größten, richtig leckeres Naanbread zu bekommen. Außen muss es knusprig sein, kleine bis mittelgroße Bläschen mit leichter Bräunung vorweisen und innen muss es Seele haben, weich und feucht.

Wenn man welches kauft ist es meist trocken und labbrig, und wenn man es selber backt ist es außen zwar knusprig, innen jedoch hart wie ein Brett oder aber dick und trocken, dass es nur so staubt. Das alles sind sicherlich nette Versuche aber den Namen Fladenbrot verdienen sie einfach nicht oder besser gesagt, ich stelle mir darunter etwas anderes vor.

Was habe ich schon alles versucht, um vernünftiges Fladenbrot zu backen. Immer war das Ergebnis mäßig bis erbärmlich. Egal welches Rezept ich auch versuchte, hieß es nun Fladenbrot, Naanbread, Pitabrot, Foccatia oder welche Namen die Kameraden sonst noch so alle tragen, jedesmal sah ich das neuerliche Scheitern dem Teigprodukt schon an, als es aus dem Ofen kam. Und der Biss ins Brot bestätigte es: "Das war wieder mal der berühmte Griff ins Klo." Nicht dass die Fladen schlecht waren, aber meine Erwartungen erfüllten sich einfach nicht.

Doch man soll die Hoffnung bekanntlicherweise nie aufgeben und so machte ich mich kürzlich wieder ans Werk, überdachte all meine Experimente, rätselte über Fehler, studierte Kochbücher und durchforstete das Internet, als mir plötzlich ein unbedeutender Post in den äußersten Randbereichen von Chefkoch.de die Erleuchtung brachte. Lapidar, in nur wenigen Zeilen geschrieben, hielt mir der Autor jenes Rezeptes vor Augen, was ich all die Jahre falsch gemacht hatte. Leider fand ich den Post nicht mehr wieder, sonst hätte ich ihn hier verlinkt und dem freundlichen Schreiber ein herzliches Dankeschön gespendet.

Der bzw. die Fehler waren nämlich zweierlei:

1. Verwende keine Hefe
2. Back nicht im Ofen sondern in der Pfanne

Plötzlich fiel es mir wie Schuppen von den Augen, die Hirten im Orient hatten mit Sicherheit keine Öfen dabei und die Etrusker wanderten auch nur mit leichtem Kochgeschirr durch die Wildnis. Und doch war Fladenbrot ihr Grundnahrungsmittel, sie konnten es also nur in Pfannen oder auf Steinen in Glut gebacken haben.
Sofort machte ich mich ans Werk und diesmal mit Erfolg. Der Feinschliff fehlt zwar noch aber das Ergebnis kommt einem Fladenbrot wie ich es mir wünsche sehr sehr nahe.

Zutaten

- 200 g Mehl
- 1 Teelöffel Salz
- Olivenöl
- 100 - 150 ml Wasser

Zubereitung

Mehl uns Salz gut vermengen.
Wasser mit einem Schuss (1 Teelöffel) Olivenöl hinzugeben und einen festen, homogenen Teig kneten.
Arbeitsfläche bemehlen, aus dem Teig eine Rolle formen und in ca. 5 Stücke teilen.
Jedes Stück zu einem dünnen Fladen ausrollen.
In einer Pfanne mit je 1/2 Esslöffel Olivenöl bei mittlerer Hitze zu einem leckeren Fladenbrot ausbacken.

Couscous – leckere Beilage aus Nordafrika

Es ist schon einige Jahre her, als ich Urlaub in Tunesien machte. Wir waren nur Pauschaltouristen, in einem Mehrsternehotel alla Neckermann untergebracht, natürlich mit europäisch ausgerichteter Küche. Doch wie das in solchen Ländern immer der Fall ist, wenn man Sehenswürdigkeiten und Städte besucht: Einerseits fühlt man sich hingezogen zu den herrlichen Düften, verströmt von zwielichtigen Restaurants und exotischen Kaschemmen, die meist ein kümmerliches Dasein fristen. An Straßenrändern und auf öffentlichen Plätzen findet man sie zu Hauf. Andererseits scheut sich der vorsichtige Reisende auch davor, in solchen "Spelunken" zu speisen, man hat ja schließlich Angst vorm fehlenden Wirtschaftskontrolldienst.

So stand ich also während meines Ferientrips vor eben einer solchen Schänke und überlegte, ob ich eine der feil gebotenen Speisen kosten sollte oder nicht, als plötzlich der Wirt herauskam und mich mit wortreichen Gesten und festem Griff ins Dunkel seiner Taverne zerrte. Ich ließ es geschehen und bestellte Couscous.
Es schmeckte hervorragend, nur zu trocken fand ich.
Lange Zeit danach war Couscous für mich überhaupt kein Thema mehr, bis ich in Äthiopien wieder über diese Beilage stolperte. Nicht bei Äthiopiern, sie kennen kein Couscous, sondern zu Gast bei einem deutschen Pfarrer, den es in dieses Land verschlagen hatte. Interessanterweise wurden in seinem Haushalt die gelben Weizengraupen als ganz normale Beilage, zu ganz normalem deutschen Essen serviert und was mich am meisten begeistere - es war nicht trocken.
Zwischenzeitlich hat sich in meiner Küche Couscous ebenbürtig zu den üblichen drei europäischen Beilagen als vierte durchgesetzt. Somit gibt es neben Teigwaren, Kartoffeln und Reis, ebenso oft Couscous. Und ein beachtlicher Vorteil sei noch erwähnt: Es ist ratz fatz zubereitet und lässt sich leicht mit verschiedenen Gemüsen bereichern.
So zum Beispiel folgende Variante:

<u>Zutaten</u>

- eine Tasse Couscous (pro Person eine kleine Tasse)
- 1/2 kleine Zwiebel
- 1/2 grüne Paprikaschote

•4-5 kleine Kirschtomaten

•Salz

•Olivenöl

•1 1/2 Tassen Fleischbrühe

Zubereitung

Zwiebel schälen und in 1/4 Ringe fein schneiden. Paprika in feine Stifte schneiden, Kirschtomaten halbieren.

Zwiebeln in zwei Esslöffeln Olivenöl bei mittlerer Hitze glasig dünsten. Paprika hinzufügen und unter ständigem Rühren vorsichtig 5-6 Minuten braten.

Tomaten hinzufügen und ca. eine Minute unter Rühren erwärmen, anschließend mit Fleischbrühe ablöschen.

Couscous hinzufügen und die Brühe mit Salz abschmecken. Es darf sehr salzig sein, da das Couscous noch einiges an Salz benötigt, während es aufquillt.

Kurz aufkochen lassen, vom Herd nehmen und bei geschlossenem Deckel so lange quellen lassen, bis alle Flüssigkeit aufgesaugt ist.

Mit einem Petersilienstengelchen dekorieren und servieren.

Das weichgekochte Frühstücksei – Garant für einen gelungenen Start in den Tag

Das weichgekochte Ei am Frühstückstisch ist wie die Katze im Sack. Wie oft geschieht es: Man sitzt in einem Hotel oder bei Bekannten zu Tisch und ein gekochtes Ei ziert die, mit Speisen reich bestückte morgendliche Tafel. Anscheinend vollkommen harmlos, schön platziert im dekorativen Eierbecher lächelt es einen freundlich und ermutigend an. Doch das Lächeln ist nur Fassade. Dahinter verbirgt sich ein grausames Grinsen, das an Häme seinesgleichen sucht doch nirgends findet. Hinterhältig, boshaft, mit gehässig funkelndem Blick starrt der finstere Geselle dem Betrachter direkt in die Augen und spricht mit heiserer Grabesstimme:

"Na, wie sieht es aus. Angeblich bin ich weichgekocht, zumindest sagt das ja die Gastgeberin. Aber bin ich es wirklich? Tja. Da musst du mich schon öffnen und hineinsehen. Spannend, gell? Meinst du, die Gastgeberin hat es hinbekommen? Oder nicht? Dann bin ich hartgekocht, oder vielleicht noch schlabbrig, mein Weiß nicht fest sondern Gallerte? Oder mein Gelb nicht flüssig sondern hart und trocken wie alte Knetmasse? Nur Mut mein Scharfrichter, walte deines Amtes und enthaupte mich Du wirst schon sehen."

Und da ist es plötzlich, dieses unangenehme Gefühl zwischen Mut und Verzweiflung. Wird das hoffende Sehnen erfüllt und man findet ein perfekt gekochtes Frühstücksei oder wird es eine jener schaurigen Enttäuschungen, die den braven weichgekochten Eierliebhaber die sonntägliche Grille derart vergrätzen kann, dass er sich am liebsten im dunkelsten Winkel des kalten Kellers verstecken möchte um dem Tag den Gar auszumachen.

Und dann noch diese unerquickliche Heuchelei, wenn die Gastgeberin neugierig ihr Haupt hebt, interessiert das aufgeschlagene Ei betrachtet und fragt: "Ist es so richtig gekocht?"

Nun denn lieber Leser, da wäre man doch am liebsten selbst in der Küche gestanden und hätte das Ei mit eigener Hand zubereitet. Denn wer will den schon die Katze im Sack haben. Oder?

Doch Spaß beiseite, wer als Gastgeber seine Gäste erfreuen möchte, zumindest diejenigen mit dem Wunsch nach einem weichgekochten Ei, dem empfehle ich folgendes Vorgehen.

Wichtig ist, dass zwei Grundvoraussetzungen erfüllt sind:

- Das Ei muss der Größe Large (L) sein
- Das Ei kommt durchgekühlt aus dem Kühlschrank

•Das Ei wurde an der runden Seite angepiekst

Zubereitung

Einen kleinen Topf mit passendem Deckel nehmen und ca. 5 cm mit Wasser füllen. Das Ei sollte ungefähr bis zur Hälfte bedeckt sein.

Ei an der dicken Seite anstechen.

Das Wasser zum Kochen bringen.

Ei ins kochende Wasser legen, den Deckel schließen und die Eieruhr sofort auf 6 Minuten stellen. Extrem wichtig ist, den Deckel zu schließen.

Die Hitze darf nun lediglich nur so weit zurückgenommen werden, dass das Wasser nicht mehr aus dem Kochen kommt, abgesehen von dem kurzen Moment, wenn das Ei hinein gegeben wird.

Wenn die Uhr klingelt, das Ei augenblicklich herausnehmen und unter kaltem Wasser abschrecken.

Servieren und sofort verzehren, denn es gart nach und wird hart, wenn es zu lange ungegessen auf dem Tisch herumsteht.

Wer das alles mit wissenschaftlicher Finesse erklärt haben möchte, kann das bei Fokko unter dem Titel "Das perfekt gekochte Frühstücksei" nachlesen.

Printed by Books on Demand GmbH, Norderstedt / Germany